伍桂麟、鍾一諾、梁梓敦 編著

克服對死亡的恐懼，
活出自由的生命！

鍾一諾教授
香港中文大學公共衛生及基層醫療學院助理教授
香港生死學協會副會長
D100 電台節目《生命 21 克》主持人
唱作歌手，「鍾氏兄弟」成員

　　你對死亡恐懼嗎？在撰寫這篇文章時，我也不斷地問自己。突然想起了小時候，曾幾何時我是對死亡十分恐懼的。我對死亡第一次近距離接觸是我阿公（客家人對爺爺的稱呼）的過身，當時我也只是小學一年級。小時候的我是非常百厭，喜歡活蹦亂跳。那次的「第一次接觸」也是因為我周圍走而起的。

　　喪禮那天，父母接過我放學後，一家四口便到達殯儀館。進入大堂後，要上電梯到第二層，然後途徑幾個其他殯喪的禮堂才會到達阿公的禮堂。還記得，經過一個很多家屬穿着白色麻布衫、音樂非常吵鬧的禮堂，裏面有些親友在哭哭啼啼，有些禮儀師則唸着我完全不明白的經，甚至（都不記得是否我小時候想像力太豐富了）印象中有人踩着高蹺還是什麼的，總之他就是爬得很高（我的生死學隊友們，請你們證實一下有沒有這種儀式），場面非常詭異，但對於一個小孩子來說又真的很新奇。我停着看了一陣子，然後我媽跟我說，不要八卦其他人的儀式，我便沒有再看了。但這是我對死亡的第一個感覺：詭異。

　　入夜後，親朋戚友慢慢開始到達阿公的禮堂，而椅子也開始不夠了。看見這個情況，因為我一直在周圍走的關係，所以便想找張椅子休息一下。四圍尋找，終於被我看到了！

就在阿公遺照一側的門洞後方內室裏有一排摺凳，我便非常興奮地一支箭跑過去，怎料在我進入那個洞之際，我的好奇心又再一次啟動了（心想其實這個空間是怎樣的一回事呢？），向右一看，「哇！」的一聲我便衝回禮堂，見到我爸的身影，便不顧一切的抱緊着他。還記得心跳激烈打在他的肚皮上的那種恐懼的感覺。抱了一會兒後，我爸便跟我說：「沒事吧，其實那只是阿公，沒有什麼需要怕的。」那是我第一次看見一個死人在我面前，冷冷的，沒有氣息的躺在那個孤獨的冷氣房間裏。當我聽到我爸安慰我的說話，我心想：「對了，我為何那麼害怕呢？」好像很傻，但那個存放阿公遺體的空間就好像變了一個禁忌似的，那晚我再也壯不起膽子跨過那個門洞，甚至戰戰兢兢連殯儀館內其他的地方都不敢去了。

第二天清早是出殯的日子，儀式開始之先，牧師邀請眾親人到那個房間一起為死者祈禱。「又是那房間！」我心想。我的驚慌都好像被我爸看透了！他便跟我說：「你想進去看看阿公嗎？不用怕，你可以站在我後面。」我終於鼓起了勇氣，隨着家人步入了我的禁區。進到了房間後，我睜開雙眼牢牢地看着阿公，心裏再不那麼懼怕了，只是在想，原來我從來沒有好好的望着他的面容，雖然好像有點不太似生前的他了，但我是欣慰的。

但我對死亡的恐懼沒有就此而消失，往後的日子，逢有父母朋友過身，我都跟他們說我不想去，因為真的不喜歡殯儀館那種陰風陣陣的氣氛和粉紅色紙紮公仔像死人般望着你的感覺，對死亡的恐懼極不理性地存留在我心裏，揮之不去。「四」這個數目字因為其他人說聽起來像「死」字，不吉利，所以我也不喜歡它了。每次乘坐飛機，我心裏都祈求上帝保祐飛機安全降落。死亡正式成為我的忌諱，我不想它進入我的生活，要將它排於門外。

那轉捩點在哪裏呢？其實倒也沒有一件特別的事件令我改變，反而因為我性格的另一面向就是對無知、偏見、迷思的批判與及求真的渴望，所以我不希望成為我不喜歡的那種人云亦云的愚昧人。這個態度讓我審視自己心裏的障礙，就好像武俠小說裏的大俠練內功時把毒素迫出體外的畫面那樣，每一次當我察覺到自己又再出現一些源於對事物

不清楚或不了解而泛起的情緒或恐懼時，我便會叫自己克服那種感覺，勇敢面對它，就好像我小時候鼓起勇氣直面我阿公那樣。「最令人害怕的不是死亡或痛苦本身，而是對死亡或痛苦的恐懼。」這是古希臘哲學家愛比克泰德（Epictetus）的一句名言。從我個人經驗所提，當我們勇於接觸那些我們不甚了解的事物時，往往會發現其實它沒有什麼值得懼怕。當我們意識到死亡也只是生命的一部分時，死亡再不是我們的恐懼，它再不能轄制着我們的生命。今天，「四」這個被邊緣化的數字已經成為提醒我去關心在社會上被邊緣化的群體的標誌；而當我乘飛機到其他地方工幹或旅遊時，我會感恩人生有這些機會。

古羅馬哲學家奧列里烏斯（Marcus Aurelius）說過：「真正令人懼怕的不應該是死亡本身，而是從來沒有好好的活過。」我深信脫離死亡對我們生命的綑綁後，我們才能夠真正的從死看生，活出自由的生命。

生死教育是什麼？

梁梓敦先生
註冊社工
死亡學院士
DEAtHFEST 創辦人
香港生死學協會副會長

　　近年來，本港有很多社福機構、學校、公立醫院和宗教團體都紛紛舉辦生死教育講座、工作坊、展覽、實地考察等活動，生死教育因而逐漸成為一個熱門的社會話題。編者留意到上述單位辦的活動有時會稱為「生死教育」，但有時又會用上「生命教育」或「死亡教育」等用詞，究竟以上三者有否不同？生死教育又應該包括什麼題材？

生命教育和生死教育的關係

　　廣義來說，所有與一個人生命有關的事物，其實都可以歸納在生命教育當中。但這說法或許會令人更難理解何謂生命教育，因為範圍太過廣泛和模糊。因此，有不少學者或機構都嘗試為生命教育立下定義，例如台灣教育部（2000）認為生命教育乃從觀察與分享對生、老、病、死之感受的過程中，體會生命的意義及存在的價值，進而培養尊重和珍惜自己與他人生命的情懷。有人則認為生命教育的旨意在於教導人珍惜生命，開展生涯，實現生活，豐富人生，並發現生命的意義（鄭石岩：2006），又或生命教育就是引導我們從醫學、生物學、心理學、社會學、政治學、人類學、歷史、宗教等脈絡去理解生命意義與生命現象，及教導我們找尋多元化的方式來展現生命意義（李瑞娥：2015）。縱使生命教育的定義甚多，但從事此工作的人普遍同意生命教育是從多個學科

的角度去探討人在不同生命階段及過程中的意義和價值。至於生命教育的內容同樣百花齊放，例如台灣有研究團隊就將生命教育的核心內容分為兩大導向，五大層面與 15 個項目（表一）。

表一：生命教育核心內容架構表（張景媛，胡敏華：2015）

向度	向度	項目
方法與基礎	哲學思考	1. 後設思考 2. 思考技巧與能力 3. 思考情意與態度
	人學圖像	1. 人是什麼？ 2. 我是誰？ 3. 在關係中的人
人生三問	終極關懷	1. 人生目的與意義 2. 生死關懷與實踐 3. 終極信念與宗教
	價值思辨	1. 道德哲學 2. 道德思辨及其應用 3. 美感素養與生活美學
	靈性修養	1. 至善與人格修養 2. 幸福與人格統整 3. 靈性自覺與發展

除上述的架構表外，另一個普遍被生命教育工作者採用的模式就是先將人作為核心，然後探討人與自己、與他人、與環境，以及與宇宙的關係。簡單來說，就是人與「天」、「人」、「物」、「我」的關係。例如本港循道衛理聯合教會的優質生命教育中心則提出以此四個向度為基礎的生命教育模式（表二），而有關死亡的課題主要歸納在人與宇宙的範疇內。

表二：

四個向度	相關內容
人與自己	認識自己、欣賞與尊重自己、發揮潛能
人與他人	與人和睦、群體倫理、關懷弱勢
人與環境	建立生命共同體、經營自然和人文環境的永續發展
人與宇宙	靈性超越之途徑、尋得永恆價值、生命歸宿等信仰所提供的答案

　　由以上港台兩地的參考資料可以看到，生死教育只是生命教育內的其中一個主題，因為死亡是生命裏的其中一個階段，但就絕不等同於生命教育。

死亡教育與生死教育的關係

　　死亡學（Thanatology）或死亡研究（Death Studies）最早由 1903 年的俄國生物學家 Élie Metchnikoff 提出。由於 Élie Metchnikoff 認為凡是生物都會經歷生死循環，所以他建議應設立獨立學科專門研究死亡。可是當時他的提議並沒有受到太多人認同和關注，因此最終不了了之。直到大約 50 年後，歐美國家因第二次世界大戰而經歷極多數量的人死亡，從而導致不少哲學家及心理學家都開始思考生命與死亡的意義和價值，以及因死亡而帶來的心理創傷。後來在 1956 年，美國心理學會在其年會中第一次舉辦以死亡為題的大型學術會議，題目為「The Concept of Death and Its Relation to Behavior」。之後，美國心理學家 Herman Feifel 在 1959 年寫了一本名為《The Meaning of Death》的書，這本書的出版令 Herman Feifel 被譽為現代死亡運動發展的先鋒（Pioneer of Modern Death Movement），同時為死亡學的未來發展建立基礎。在 1969 年，死亡學學術期刊《Omega – Journal of Death and Dying》面世；在 1976 年，The Forum for Death Education and Counseling 成立，並之後在 1986 年改名為 Association for Death Education and Counseling。現時，世上不同國家有各種專業組織、學會、期刊和雜誌等，每年都會出版死亡學學術文章及學術交流會議。

在教育界方面，美國的 University of Minnesota 早在 1963 年開辦第一次死亡學課程。直到 1970 年，全美國的大學大約只有 20 個死亡學課程。但自此之後，死亡學在教育界急速發展，直到 1970 年代末，美國四分之三以上的大學都已經在不同科系開辦有關死亡學的課。同一時間，美國已經有最少 1,500 間中小學都向學生教授死亡學。時至今日，大部分歐美國家已經將死亡學滲透到大中小學的課程當中，從小教導兒童和青少年如何面對死亡。

台灣是華人社會其中一個最早引入生死學的地區，它大約在 1970 年代已出現。直到 1990 年代初，在美國大學教導死亡學的台灣學者傅偉勳教授將自己對死亡學的知識帶回台灣，並且多次擔任大型公開講座講員。之後在 1993 年，他撰寫了《生命的尊嚴和死亡的尊嚴》這本書，並在書中第一次提出「生死學」這個全新名詞。這本書出版後，不單引起社會的廣大迴響，更將西方社會的死亡學逐漸改變成為華人社會今日經常提及的生死學（Life and Death Studies）或生死教育（Life and Death Education）。

要了解死亡教育與生死教育的分別，首先看看它們的定義。

死亡教育是探究死亡、瀕死與生命關係的歷程中，能增進對生命意義的覺醒，並提供對死亡的真實性，以及人生當中角色與重要性的檢視，其目的在幫助以虔誠、理解及莊嚴的態度面對死亡及死亡的準備（張淑美：1996）。

而生死教育的定義是探討死亡的本質以及各種和瀕死、喪慟主題與現象，促使吾人深切省思自己與他人、社會、自然，乃至宇宙的關係，從而能夠察覺生命的終極意義與價值，是面對死亡、克服對死亡的恐懼與焦慮、超越死亡、省思生命，使吾人能體會真愛與珍惜，展現人性光輝，活出生命意義的教育（張淑美：2005）。

總結來說，雖然生死教育與死亡教育在題材和內容上是一樣的，但在教育的角度上就有很大分別。死亡教育只會教導學生認識和探討死亡，從死看死。但生死教育則教導學生先了解死亡，然後反思生命的價值和意義，從死看生才是生死教育的最終方向。

生死教育的內容

　　由於生死教育（生死學）與死亡教育（死亡學）擁有相同的內容，因此要了解生死教育包含什麼題材，就必須要先認識死亡學。死亡學與其他專業學科不同，本身並沒有屬於它自己的專門知識，相反它是一門綜合性學科。凡是其他專科裏有關死亡的題材，都可以歸納在死亡學當中。例如心理學中有關喪親家屬的哀傷情緒，可以屬於死亡學；醫學上有關人死亡後的身體轉變，又可以是死亡學；探討數百年前人死後的殯葬儀式，就可以是歷史、社會學及文化學的知識。由此可見，研究死亡學的人本身可以是醫生、社工、律師、歷史學家、人類學家、哲學家、宗教領袖、文學家等。

　　由於死亡學的覆蓋範圍極為廣泛，台灣有學者就將死亡學分類為五大範疇，而每個範疇以下都有不同主題，詳情如下（表三）。

表三：死亡學的五大範疇及有關主題（張淑美：2005）

五大範疇	主題
方法與基礎	1. 哲學、倫理及宗教對死亡及瀕死的觀點 2. 死亡的醫學、心理、社會及法律上的定義或意義 3. 生命的過程及循環；老化的過程 4. 死亡的禁忌 5. 死亡的泛文化比較
不同人士對死亡及瀕死的態度及心理反應	1. 兒童、青少年、成年人及老年人對死亡的態度 2. 兒童生命概念的發展 3. 性別角色和死亡 4. 了解及照顧垂死的親友 5. 瀕死的過程與心理反應；死別與哀傷 6. 為死亡預作準備 7. 文學及藝術中的死亡描寫 8. 寡婦、鰥夫和孤兒的心理調適
死亡及臨終的處理及調適	1. 對兒童解釋死亡 2. 威脅生命重症的處理；與病重親友間的溝通與照顧；對親友的弔慰方式；「安寧照顧」的了解 3. 器官的捐贈與移植 4. 有關死亡的業務：遺體的處理方式、殯儀館的角色及功能、葬禮的儀式和選擇、喪事的費用等 5. 和死亡有關的法律問題，與遺囑、繼承權、健康保險等 6. 生活型態和死亡型態的關係
特殊議題的探討	1. 自殺及自毀行為 2. 死亡倫理與權利：安樂死、墮胎、死刑…… 3. 意外死亡：暴力行為，他殺死亡 4. 愛滋病
有關生死教育的實施	1. 死亡學的發展及其教材教法的研究 2. 死亡學的課程發展與評鑑 3. 死亡學的研究與應用

閱讀本書的建議方法

本書的編排分為四章，包括「眾觀生死」、「生死相安」、「生死熱話」及「生死之旅」。如果讀者希望認識不同時代的人類智慧及社會文化如何演繹和解釋死亡，第一章「眾觀生死」就有哲學、人類學、社會學、倫理學、公共衛生、歷史及不同宗教等文章可供閱讀。第二章「生死相安」就有幾位醫生、護士和社工分享紓緩治療和哀傷輔導的相關知識和實務技巧。第三章「生死熱話」就包括了近來香港有關死亡的熱門話題。最後第四章「生死之旅」就由一班香港教育大學的師生分享今年參與台灣生死教育考察團後的得着和所見所聞。

期望這本書能豐富每位讀者對死亡學的知識，提醒大家必須盡早預備面對自己和身邊重要親友的死亡，珍惜和感恩自己仍然擁有的關係、能力及成就，時刻緊記活好當下。如果一個人能夠做到以上的目標，就能較容易面對死亡，減少遺憾，並有平安快樂的人生。

延伸閱讀

1. 傅偉勳：《死亡的尊嚴與生命的尊嚴：從臨終精神醫學到現代生死學〔第六版〕》，正中書局，2010。
2. 張淑美：《死亡學與死亡教育》，高雄復文，1996。
3. 張淑美：「生死本一家」——死亡教育、生死教育是臨終教育還是生命教育？
4. 郭慧娟：《生死學概論》，華都文化，2014。
5. 曾煥棠等：《生死學》，洪葉文化，2007。
6. 陳運星：《生死學（第二版）》，麗文文化，2017。
7. 馮滬祥：《中西生死哲學》，台灣學生書局，2005。

第三章

生死熱話

第四章

生死之旅

罪觀生死

第一章

死生之意——
生死學看生死

黃慧英教授

香港嶺南大學哲學系副教授
生死教育學會副會長（2006-2016）
「哀傷關顧計劃」Facebook 專頁版主

　　從死亡學走向生死學，不為不是一個大蛻變，這要多得已故的傅偉勳教授，他在《死亡的尊嚴與生命的尊嚴》一書中旗幟鮮明地提倡：「要把生命的向度引進死亡學。」什麼是「把生命的向度引進死亡學」呢？傳統的死亡學（Thanatology）研究的是死亡的現象、死亡的界說、死亡的社會學、人類學、歷史學、文化研究、文學、藝術、宗教、心理學等的解說及表達，集中對死亡本身及其對人類的影響的了解，故偏重靜態的認知。然而，死亡本身就不能擺脫生命，舉例來說，有關死亡的文學作品，展現的是由生到死的旅程，描述旅程上主人翁如何活過他的人生，並如何面對死亡；又例如，宗教中談論人的死亡，不是指出一個生物學上的必然事實，卻教導人如何超越死亡，如何安頓死亡。這些都是只有一個活生生的人才能投入並為之獻身的。生死學正正是標舉生與死的不可分割的關係，還不只於此，生死學進一步探究生命可以在多大程度上改變、甚至塑造死亡。從這樣看，生死學是動態的、導向的、創造的。

　　生命可以改造死亡？在什麼意義上可以？托爾斯泰在《伊凡·伊里奇之死》的小說中，仔細描述了主角伊凡的死亡——他是在極度痛苦中，三日三夜不停叫喊地離世。小說從伊凡的喪禮開始，倒敘他的一生。伊凡是一個高等法院的審判委員，掌有很大的權力，很多權貴都要對他客氣，雖然曾有小挫折，但可說平步青雲，仕途順利。但他並不

快樂，沒有知交，他一逝世，眾人關心的是「誰會接替他的職位」。他的人生哲學是「輕鬆體面」，拆穿了是虛偽與為利是圖。當他面對死亡時，感到孤獨、恐懼、受騙、憤怒、沮喪，但無人能幫助他，包括他的妻兒。托爾斯泰簡潔有力地刻劃他的悲哀：「存在於他周圍以及存在於他自身之中的虛偽，大大毒害了伊凡·伊里奇的最後幾天。」他一生積極締造的尊貴形象，阻擋了別人對他的安慰。這本小說可說是「有什麼樣的生，就有什麼樣的死」的生動描繪。

一行禪師曾與美國反越戰先鋒的耶穌會教士 Daniel Berrigan 在 1974 年流亡法國期間，每月一次就某些嚴肅的課題，如耶穌與佛陀、自焚、流亡、宗教等進行深入的對話交流，其中在探討自焚的問題時，Berrigan 慨嘆：「只有活得好才能死得好。」這話可以為生死關係作了關鍵性的總結。當然，怎樣的死亡才是「好死」，各人自有不同的見解，但無論如何，縱使死亡是必然的，但死亡的狀態，卻不是命定的。明顯地，若期望有一個安詳的死亡，親友摯愛陪伴在側，在生前便不能四處結怨，也不能有臨終前也化解不到的怨恨；期望死得灑脫，生前便須放下種種執著，使身心輕省。這樣看，死亡是一生修為的果實，它的姿態樣貌反映出主人翁先前的選擇、努力、堅持與信念。

近年大眾熱衷討論的安樂死問題，若置於上述生死相關的觀念脈絡中去看，安樂死的焦點便不應簡化為「如何或應否結束痛苦的生命」上，而必先要對什麼是「安樂」，作出充分的思考。再者，安樂是否人的首要價值？如果是的話，那麼是否人也應該追求安樂生？安樂死的意義何在？「安樂生」是否有同樣的意義？怎樣才能達致安樂的境界？單靠一劑致死的藥物便可以？這些問題，都是屬於生死學的範疇。在這範疇內，意義的問題可說居於核心地位，例如當我們問受苦中的生命還有什麼意義時，不能不問：「怎樣的生命才是有意義？」又當我們肯定生命有其意義時，更可進一步問：「死亡是否也有其意義？」死亡的意義毫無疑問是由生者來界定的，那麼，死亡不能脫離生命而孤立地去掌握，至此應該不言而喻了。

死亡學讓我們理解死亡的本質，其必然性與不可預知性往往令我們怖慄不已。然而對死亡的學習不是要我們停留在焦慮與不安中。反而，我們應將死亡置於成長的最後階

段，讓其限於發揮儆醒提撕的作用（提醒人們生命有限），而勿將死亡的意義取代生命的意義。我曾在一篇題為〈生命的尊嚴與死亡的尊嚴〉的文章中寫道：「畢竟，我們不是為死亡而生，縱然死亡是生命的一部分，死亡的意義亦應為生命的意義而服務。」《最後 14 堂星期二的課》（Tuesdays with Morrie）的主人翁墨瑞教授，患上肌萎縮性脊髓側索硬化症，他從一日比一日明顯地走近死亡的經驗中，深深體會到「學着如何死亡，你就學到如何生活。」我們怎樣將死亡教給我們的智慧，用於生活上呢？亦即是説，死的學問如何轉換成生的學問，使我們人生的各個階段，在多少可以掌握的歲月裏，盡量實現出我們理想的獨特的人生，讓我們有所盼望，有所成就？與此同時，亦自然會塑造出理想的獨特的死亡。但當二者有落差時，我們必須作出適當的調整，以致生時，無懼死亡；死時，無悔生命。傅偉勳教授提出現代生死學的三大課題之一，是從「死亡學」轉到「生命學」，因為只有「重新肯定每一單獨實存的生命尊嚴與價值意義」，才能面對死的挑戰。這便是「將生命的向度引進死亡學」的終極目標了。

延伸閱讀

1.　傅偉勳：《死亡的尊嚴與生命的尊嚴》，台北：正中書局，1993。
2.　Albom, Mitch 著，白裕承譯：《最後 14 堂星期二的課》，台北：大塊文化，1998。
3.　托爾斯泰著，許海燕譯：《伊凡·伊里奇之死》，台北：志文出版社，1997。
4.　黃慧英：〈生命的尊嚴與死亡的尊嚴〉，收入張燦輝、梁美儀編：《凝視死亡》，香港：中大出版社，2005。
5.　黃慧英：《向終點敬禮》，香港：青春文化，2011。
6.　黃慧英：《訪問死亡：大學生的生死筆記》，香港：進一步多媒體有限公司，2006。
7.　黃慧英：《向終點敬禮》，香港：青春文化，2011。
8.　黃慧英：《療傷之旅——與你一起經歷喪親之痛》，香港：一丁文化，2015。

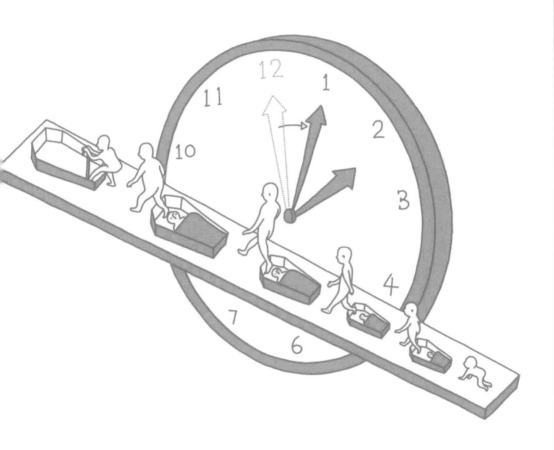

生命實踐──
中西哲學看生死

溫帶維博士

香港理工大學通識教育中心講師
美國哲學實踐工作者協會認證哲學輔導員
香港哲學輔導研究會副會長

　　人人都知道自己必有一死，然而若被問到：「你準備好死了嗎？」大部分人卻不知道該如何回答。死亡看起來是件大事，該當準備一下，但要準備些什麼呢？怎樣才叫作準備好呢？這情況就像是明知道將要考試卻不知道要怎樣去準備，因為根本就連考什麼都不知道。這也難怪，死亡到底對人提出了什麼挑戰？不具體一點陳述它，也就很難說怎樣去應付它。本文會先簡單闡述這挑戰，然後簡介中西哲學分別如何教人面對它。

　　死亡對人的挑戰也基於人對死亡的認識，而人類對死亡的認識大致可分為兩種：一就是生命的終結，二就是由此生的生命形態轉化到另一種生命形態。前者就是人死如燈滅的死亡觀，後者就是死後還有生命（life after death）的死亡觀。兩種死亡觀分別提出了不同的挑戰。讓我先說說後一種。

　　死亡帶給人的挑戰之一就是一種極端的不可知。在現實世界裏，人們都會因為對未來的不可知而感到焦慮。我們不知道明天股市會否崩盤、不知道會不會生重病、不知道會不會發生交通意外、不知道能否與自己所愛的人在一起。這些不可知雖帶來焦慮，然而我們總在某程度上知道該怎樣面對和處理。股市大跌，輸光了身家，再去賺回來就是了。生了病或是交通意外受了傷，只要還未死，就去醫吧！你所愛的人不愛你，就找另一個啊！

死後的不可知卻是一種完全的不可知，到底有沒有死後生命本身就不可知，那會是個怎樣的世界就更不可知了。人類的文明不論東西古今，對死後世界的想像及說法多不勝數，有些說得有板有眼，很具說服力，卻又無法絕對證明死後世界的存在。近來更有許多透過瀕死經驗的研究對死後生命的可能提出了相當有力的證據。這就使人們不得不考慮人死後還有生命的可能性。既有此可能，又無法證實或是探知其內容，這就是一種極端的不可知。它可能有，可能沒有，若是有，又沒有人能夠說得出那是個怎樣的世界。有牛頭馬面嗎？有耶穌還是佛祖？還是什麼都沒有，只是漫無目的地、無人看見地、永無止境地，在人間遊蕩？不知道，也沒法知道！正因如此我們對如何處理死後的「生活」茫無頭緒，所以根本無法去為死後做任何準備。面對一個完全無法掌握、應付、處理的未來自然便會焦慮。極端的不可知，便帶來極端的焦慮。如何安撫這種焦慮便是第一個死亡帶來的挑戰。

當然，人可以堅信人死如燈滅，如此便不會因對死後世界的不可知而焦慮了。然而若是如此，人又得面對另一個問題。人活着需要盼望。人生不論在任何階段都有爭扎和痛苦，而支撐人們繼續生存的正是對未來較美好生活的盼望，而盼望的前提就是可能性，沒有可能性就沒有盼望。被判終身監禁的人便比剛剛從大學裏的「神科」畢業的大學生少很多盼望，因為等待着他們的，相較於這些大學生，只有很少的可能性。一般而言，年紀愈小，未來的可能性愈多，對未來的憧憬和盼望也就愈多。相反，年紀愈大，可能性便愈少，對未來的憧憬和盼望也就愈少。直到人生的終點在望，即是看見再沒有可能性了，也就絕望了。從這角度看，若人死如燈滅的話，人生就不外是個步向絕望的過程。無論你多麼的能幹、努力、漂亮，等待着你的就只有漸漸的衰敗與絕望。如何面對這種絕望便是第二個死亡帶來的挑戰。

中西傳統哲學在處理死亡的挑戰時有着一個根本的差異，那就是：西方哲學傾向於在確定了有關死後世界的事實的前提下討論如何處理死亡帶來的挑戰，而中國傳統哲學則無需有此前提。比如古希臘哲學家伊壁鳩魯（Epicurus 前 341-270）便先論證人因為不會經驗到自己的死亡所以不用害怕死亡。他基本上是個唯物主義者，認為一切皆是由粒子組成的，包括經驗的主體──靈魂。所謂死亡就是靈魂與肉體的分離，而靈魂作為一個經驗的

主體是需要透過肉體的器官來獲取感官的。視覺要靠眼，聽覺要靠耳。離體的靈魂即使是永恆不朽的，也會因為失去肉體而失去一切感官。沒有感官也就沒有可感的生命可言了，所以也就不用為死後的不可知而焦慮了。簡言之，伊壁鳩魯論證了人死如燈滅，所以他的哲學的其他部分便集中處理如何在人生中獲得平靜安穩的幸福，也就是處理上述絕望的問題，而不是焦慮的問題。

又比如柏拉圖（Plato 前 429-347），他便論證人的靈魂不朽。要了解其論證最好由他的知識論入手。柏氏指出學習是不可能的，因為所謂學習就是由不知道進展到知道的過程，不過若一個人本來不知道什麼是「A」，那麼他如何知道他找到了「A」呢？比如，若人不知道什麼是幸福，即使他已經很幸福他也不會知道自己幸福。所以不知者恆不知，學習是不可能的。然而，事實上我們看來能夠學習，比如我們能學習「圓形」指的是什麼形狀，「五」所指的是什麼數量。更讓柏拉圖不解的是，我們從未在這個世界見過圓形（我們見過許多圓的東西，但都不是圓形本身）和五（我們見過五件事物擺放於眼前的情況，但從來沒見過五本身）。所以柏拉圖指出，我們的知識並不來自這個世界（特別是有關數學的知識），而且學習也不是由無知變有知。我們是在出生前便「見」過圓形本身、數字五本身、正義本身之類他叫作理形（Idea）的東西，只是在出生的過種太過驚嚇而忘記了，所謂學習只是看見類似的事物時被提醒而記起的過程。因此，不單止有死後的生命，更有生前的生命，而且不被肉身困住的靈魂才是最幸福的，因為它們能直接經驗到真理，所以人不需要恐懼死亡，死亡實在是最理想的存在狀態，關鍵是人必須學習對真理有所追求，也就是成為哲學家，才會對死後直接面對真理的世界有所嚮往。

近代的存在主義者如沙特（Sartre 1905-1980）及海德格（Heidegger 1889-1976）更連論證也沒有，便在沒有死後世界的前提下討論人該如何面對死亡帶來的無意義及荒謬。沙特指出存在先於本質，即是説你是個什麼人（甚至是什麼東西）並不是由創造者在未創你之先決定的，而是你先偶然地存在於世界上，再通過你的不斷選擇，你才成為你。比如唯有你不斷選擇做正直的事，你才最終在別人心目中成為正直的人。到你死了，你才能以正直的人的身分存留於與你有過接觸的人心裏。所以不用對死後世界焦慮，也不要對人要死的荒謬感到絕望，人應當不斷地有意識地作決定去創造自己的本

質，直到最終的那一刻。

　　海德格則指出現實中的人大多被社會上人們的期望固定了自己的身分，比如是父親、老師、某國人民。這種把自己看成是不可改變的死物一般的態度是不本真的（Inauthentic），唯當人發現自己可以選擇超越自己在特定時空中的身分時，他才是本真地（Authentically）存在着，並且會發現自己的死亡（絕對的終結，沒有可能性的可能性）只有由自己來承擔和面對，如此他才會不理會他人的眼光，自己去選擇自己死亡的形式，也就是生存的形式（生存的過程即是死亡的過程）。故死亡雖然是一切的終結，卻是讓人勇敢真誠地為己而活的契機。人絕望與否關鍵不在於還有沒有可能性，而在於是否本真地存在。

　　以上西方的哲學對死亡的處理，或有論證或無論證，都以某種對死後的「認識」為前提，中國的傳統哲學對死亡的處理則比較傾向於不理會死後世界。這不是說他們對死後世界無說法（道家和佛家明顯分別有一套相當完整的死後世界觀），而是他們對死亡的處理並不建立在其對死後世界的理解。比如儒家便認為人只要能掌握到人生存的價值之基礎，則不論遇到什麼人生處境都能生活得有價值有意義。孔子說：「不仁者不可以久處約，不可以長處樂。仁者安仁，智者利仁。」意思就是沒有實現人之道德本性（仁）的人的生命得不到安頓，故不論是貧是富都無法長久安樂。能實現此道德本性的人則以此為生命之安頓，真正有智慧的人以此為其利益。這種對生命的安頓一旦掌握了就能延展到死後世界（若有死後世界的話），因為不論是任何境況，人都以此為其生命安頓之基。故只要知道怎樣活得有價值有意義，也就能在不可知的死後世界也活得有價值有意義。故孔子謂：「未知生，焉知死。」

　　道家則強調人是自然界的一部分，而自然界便只是氣的聚散的過程，也就是原始物質的結合與分散。氣聚而成萬物，人只是其中一員，物與物之間也只是氣的傳送與轉化的關係。沒有說那一些氣一定要成為某一個人或某一件物，人與萬物的出現與一切自然現象一樣，自然地出現又自然地消失。本來就沒有什麼值得特別欣喜或傷心的。人之所以會對自己的生感到欣喜，對自己的死感到傷心、恐懼、難受，是因為人把自己從大自然氣聚氣散的過程中分別出來並視之為獨特的一物。這就是不自然的、人為的執著。只

要人能回復自然，不執著人為的標準（包括怎樣才叫一個人的標準），人便自然輕生死。連生死都不着意，那就更不着意是否活得有價值有意義了！注意，即使道家基本上持人死如燈滅的死亡觀（氣散則無），但其超脫生死的思想的關鍵在於放棄人為的執著，而不在於其對死後世界的理解。

最後，佛家雖有輪迴之說，然其處理死亡之挑戰的主幹還是如實觀，即不按人的觀點主動地去看事物，而是讓事物如其所是地呈現其本相。而事物的本相就是空，即是說萬物皆只是各種條件（因緣）所構成，其本體並不存在。只要能照見自我及萬物都是虛幻不實的，便自然產生厭離之感，再不執著於「必須要得到某物，我才能幸福快樂」的錯誤認識，如此便解脫了。若不能如此，不論有沒有來世，存在便是痛苦的（此即三法印中的「一切皆苦」），若能見一切相空而得解脫，便有沒有來世都是樂。

終極而言，人類大概無法確實知道人死後會如何，所以策略上或許我們該較多參考中國傳統哲學在這一方面的討論。然而面對死亡的挑戰最終並不是個策略的問題，而是實踐的問題。無論要透過上述那一派的哲學思想或是任何宗教信仰去面對死亡的挑戰，都必須要長期堅持對精神生命的栽培。無論是能在寧靜中享受快樂的生命（伊壁鳩魯）還是能隨時展現道德本心的生命（儒家）都是長期實踐，以至精神生命得到轉化和提升的結果。面對死亡的挑戰沒有容易輕鬆的路，不是明白幾個概念，讀通一兩本書的事。故趁還有時間，思考並確定自己預備死亡的路，盡早開始實踐，方為根本。

延伸閱讀

1. Adam Withnall〈Life after death? Largest-ever study provides evidence that 'out of body' and 'near-death' experiences may be real〉,The Independent, 7 October 2014.
2. 施諾：《死後可幹的事：瀕死經驗是什麼一回事？》，香港：基道出版社，2016。
3. 溫帶維：《正視困擾：哲學輔導的理論與實踐》，香港：三聯出版社，2010。

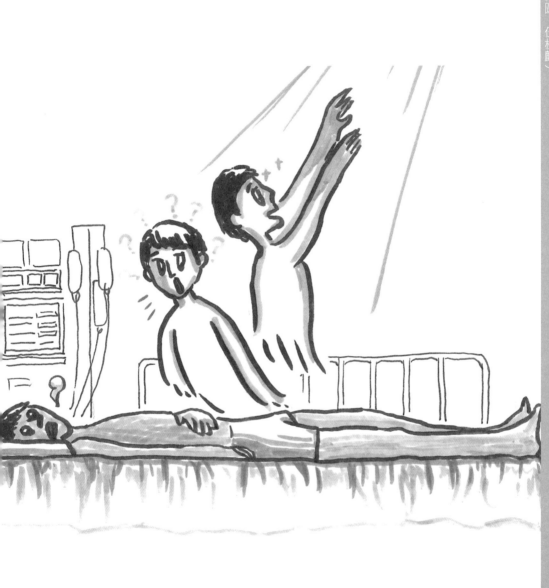

屍前想後——
人類學看生死

李衍蒨小姐

法醫人類學家
Kenyon International Emergency Services Regional (Asia) Team Member Coordinator
英國李斯特大學法證科學（法醫人類學及考古學）研究碩士
香港中文大學人類學文學碩士

　　廣東話文化中，有一種職業為「仵作佬」。以前的廣東村落，每當有人過世「仵作佬」便會到家屬家裏為先人清潔先人及放到棺材去，準備喪禮。「仵作佬」被其他村民所討厭，村民們都對他們避之則吉，沒有人想跟他們直接對話。因此，按照傳統，他們通常都一起聚居於棺材舖後面，並且都是鴉片的「癮君子」，他們被驅趕成「不潔」、「被詛咒」的一群。

　　人體——無論生或死——都於實質、社會、文化層面上帶有不同的意義。過去當香港金塔墓地被沖塌，無論是有關政府部門、大眾市民都是希望先人的骨頭盡快被收拾，不要暴露於荒野中。一方面是覺得恐怖，這來自於對死亡的忌諱及「死」這個概念的一些聯想。同時，亦是受傳統「留全屍」的觀念影響。華人文化傳統中，風水術數對紅白二事的影響最大。在風水學來說，先人遺骸被沖出及無人問津，會影響後人運程。是否真的對後人運程有重大的影響亦無從考究，不過肯定的是幾乎在大部分文化中，「死亡」或任何其相關的工作都可以算是禁忌，沒有人願意在平常多加討論，香港亦然。另一方面，是覺得影響市容；骨頭遍野，有滿目蒼夷之感。這影響市容的畫面，卻意外地讓市民初嘗自身站在死亡前面的感覺。談論死亡、何謂「好死」（Good Death）等都是近幾年的概念。這個最近推動天然殯葬的風氣及文化無疑就等於反面印證了過去殯葬及對亡

者的照顧都帶有社會意義。

從歷史角度來理解，死亡儀式傳統都是跟宗教掛鈎。例如，古埃及貴族及祭司會把器官放進罐子裏防止腐爛，維京戰士會葬於船內。甚至，尼安德特人（Neanderthals）亦會有特定的方式及儀式（例如獻花）去哀悼死去的同類。反觀，現在的香港及華人地區，因為土地問題，大多約定俗成地進行防腐然後火葬。這些雖然是我們這兩代的文化，但背後的動機可能是因為家庭、財政，甚至純粹是死者自主。從審視殯葬及看待生死的態度轉變看來，人們都在不停改變及重塑其亡者及生者的關係。而要達到這些改變，某程度上都必須要先讓社會正面凝視現有對「死亡」的印象。

現今日本京都的鐵路車站——帷子之辻車站（B1／A9）以日本第52代嵯峨天皇皇后的事蹟而命名。皇后的名字為橘嘉智子[1]，深得嵯峨天皇喜愛及寵幸，後來因姿色登上皇后寶座。橘嘉智子是一名虔誠的佛教徒，與弟弟最後開設了「學館院」，企望推動佛教及有關教育，令信徒及子弟可以多個機會學習經書經典。她最希望是可以好好利用她的社會地位，來廣泛推廣佛教。因為橘嘉智子，與平安時代日本建造了第一座禪寺——檀林寺（Danrin-ji）。

64歲的橘嘉智子於去世前拒絕了所有皇室的殯葬安排，反而要求將她的屍體以最簡單的布包好然後放在街上。她相信當人民看到她的肌膚及身體慢慢腐爛，她身上的肉會被烏鴉及野狗分享，她身體最後化成骨頭時，人民就會明白她一直以來教導他們萬物皆有時的這個道理。皇室最後完成了橘嘉智子的遺願，曾經擺放她屍體的街道就成為了帷子之辻（Katabira no Tsuji），即「屍體的交叉口」（The Crossroad of Corpses）。

橘嘉智子此舉的確引起了大眾注意，並且間接催生了日本佛教名為「九相圖（Kyuaizu／The Nine Signs）」[2]的繪圖。這九幅圖就是紀錄了一個人死後屍體會經歷的九種階段及情況，當中尤其仔細繪畫有關屍體腐化的過程。由於極度真實，不得不讓人覺得畫家是邊在屍體旁邊觀察邊繪畫。

「死亡是恐怖的、是危險的、是骯髒的」，幾乎是每個嘗試否認死亡的文化流傳出來的謎。屍體本身不是恐怖，亦不太危險。因傳染病（如：狂犬病）或交通意外而身亡的這個畫面可能對家屬來說很不安，但他們不是危險的；他們對在世的人沒有構成生命威脅，就算是腐化中屍體的也不是有迫切性危險。說屍體是骯髒的就代表了我們對「乾淨」或「不骯髒」有一定概念。

於「乾淨、潔淨、專業」的環境，如醫院中去世是一個頗新穎的想法。遠在 19 世紀，在醫院裏過世只屬於無親無故的人。一般人都會履行他們的選擇權，選擇在家人朋友身旁，與自己的牀上過世。直到 1930 年代，就有了死亡的「改革」。醫院的推崇把所有任何跟死亡有關的噁心影像、氣味及聲音隔絕。除了宗教原因而會有神父在逝世者身旁，醫生就是除了家人外經常陪伴病人走最後一刻的那位。死亡的過程在醫院的包裝下變得非常有規律及衛生。換句話說，在整潔、潔淨的醫院作標準下，走進一家充滿尿味、臭味、汗水的房間就成為禁忌。簡單來說，死亡的真實樣貌跟對死亡的恐懼就被現代人對整潔的觀感邊緣化。以醫院殮房的位置。由於「醫院」被視為一個比較正面的地方：代表着康復、療癒等正面概念。殮房就是嘗試以醫院整潔的標準來展示死亡的產品。它要遠離人群，設置於底層，某程度上代表了醫療制度的失敗。遠在歷史上記載的各大瘟疫，患病者死後的屍體堆在街上，直到工作人員來把這些屍體運到城邊的亂葬崗埋葬。在已發展國家及城市，都有一個既定的程序及政策去防止市民與死亡接觸。看來每個城市都説為市民選最好的，而看來隱藏死亡就是所講的「最好選擇」。

處理屍體的「仵作佬」，做的絕對不是厭惡性工作，反而是一種神聖任務。卻因為這個神聖任務就讓人以為他們大無畏，不害怕死亡。其實，他們猶如經過「屍體的交叉口」的居民，被迫與死亡直接凝視。俗語説：「用一隻手指指住人，同時用四隻手指指着自己」，我們就應該借「四隻手指」去重新思考我們與死亡、屍體的關係，為死去的多盡一份責任，而不只是用一隻手指誇獎執行神聖任務的「仵作佬」。

因為，我們每個人都有着同樣的終點。

註釋

註 1：日：橘嘉智子 / たちばな の かちこ / Tachibana no Kachiko

註 2：這九相為：

　　　脹相（ちょうそう）- 死屍開始胖脹

　　　壞相（えそう）- 表皮壞死爆裂

　　　血塗相（けちずそう）- 濃血外流在地，肉體之不淨開始淨現

　　　膿爛相（のうらんそう）- 蟲膿流出，皮肉壞爛

　　　青瘀相（しょうおそう）- 肉體變色，溶入周圍環境

　　　噉相（たんそう）- 鳥獸爭食屍肉

　　　散相（さんそう）- 屍體身形破散，散放一地

　　　骨相（こつそう）- 皮肉已盡，只見白骨

　　　燒相（しょうそう）- 死屍歸於塵土，不着痕迹

延伸閱讀

1.　Davisson, Z. 2013, 31 October. Katabira no Tsuji- The Crossroad of Corpses. 百物語怪談会 Hyakumonogatari Kaidankai. Retrieved from: https://hyakumonogatari.com/2013/10/31/katabira-no-tsuji-the-crossroad-of-corpses/

2.　Doughty, C. 2015, 13 April. The sacred task of caring for the dead should be a normal part of life. The Guardian. Retrieved from: https://www.theguardian.com/commentisfree/2015/apr/13/sacred-task-caring-for-dead-home-funeral-grief

3.　D'Costa, K. 2014, 26 November. The Emergence of Death and Dying as We Know it. Scientific American. Retrieved from: https://blogs.scientificamerican.com/anthropology-in-practice/the-emergence-of-death-and-dying-as-we-know-it/

4.　Empress Danrin Kachiko. 2017, 12 August. Retrieved from: https://heianperiodjapan.blogspot.com/2017/08/empress-danrin-kachiko.html

5.　Quigley's Cabinet. 2013, 08 November. Japanese memento mori. Retrieved from: https://quigleyscabinet.blogspot.com/2013/11/japanese-memento-mori.html?m=1

6.　Robben, A.C.G.M. (Ed.) 2018. A Companion to the Anthropology of Death. Hoboken: John Wiley & Sons, Inc.

九相圖記錄了橘嘉智子死後屍體會經歷的九種階段及情況，當中尤其仔細繪畫有關屍體腐化的過程。（繪圖：伍桂麟）

黎明博士

社會學是一門探索社會變遷以及社會與個人之間互動關係的學科，最早可以追溯到 19 世紀初的孔德（Auguste Comte）。孔德將社會比喻為和生命一樣的有機體（organism）。既然社會是另一種形式的有機生命，那便應該和我們的生命一樣有其生老病死的自然規律。就如借用生物學的方式研究社會，孔德主張將自然科學的研究方法應用在對人類社會的探究上。從這點來說，早期社會學對生死的看法（即自然規律）被運用到了學科自身的方法與論述之中。

生死問題最早進入社會學探討的領域，是 19 世紀末至 20 世紀初，其中突出的代表是涂爾幹（Émile Durkheim）的《自殺論》和齊美爾（Georg Simmel）的「死亡形上學」。

涂爾幹對自殺行為的探討跳出了以往關注個體動機的框架，他認為自殺現象是深層社會結構的表象，是一種社會病態的危機徵兆。自殺主要被涂爾幹分為四類：利己型（egoistic）、利他型（altruistic）、脫序型（anomic）和宿命型（fatalistic）。他認為不同類型的自殺源自個體與社會之間關係的強弱，其中脫序型自殺尤為顯著於新舊社會秩序交替之時，舊的秩序崩塌而新的秩序還未完全建立，使得社會進入動盪甚至「社會死亡」的危機。

齊美爾則更為關注個體與死亡之間的哲學關聯，他認為 18、19 世紀出現的現代化社會分工促使了人們出現「個體性」的意識，認為不同個體應享有平等的尊嚴與機會，並且個體間互相依賴也不可取代，而死亡正是這種個體性的賦予者。死亡的機會人人平等，死亡也使得生命歷程和深度可以進行回溯式的檢閱，並呈現出與其他生命相互依賴卻不可取代的獨特性。然而齊美爾想要探討的並非這種個體性與死亡之間的哲學關係本身，而是怎樣的社會基礎和脈絡使得這種「死亡對生命的創造性」得以存在。由此現代社會學對於生死的看法，致力於探討個人如何在有限的生命歷程中「撰寫」個體自傳，以及社會關於死亡的整體意識如何影響個體的自我實踐。

那麼現代社會關於死亡的意識是怎樣的呢？簡單來說可以歸納為三個方向：不可見性（invisibility）、理性化（rationalization）與個體主義化（individualization）。

如何理解這三個方向？在此我邀請讀者想像一個場景：如果一家人走在路上的時候，其中一人突然倒地，沒有了呼吸，在你的腦海中，接下來會發生什麼事？

我們可能首先想像到一個驚慌失措的混亂場面，不僅是家人，在場的其他人也會被這突如其來的死亡嚇一大跳，有些大人會習慣性地遮住身邊孩子的眼睛，還有些人可能會馬上拿出手機來拍照錄影放上網——沉悶生活的不尋常瞬間總是能獲得更多的點擊率。這裏就顯露了現代社會死亡意識的第一個特點：不可見性——現代社會的死亡被認為是應該以特定的方式發生在特定的空間裏的。不僅是死亡，現代社會的生老病死都發生在專屬空間，我們出生在醫院，老的時候去到安老院或護老院，病的時候到醫院，生命尾聲的時候還是在醫院。「正常的死亡」在人們的概念中，必然是一個由醫院病牀走向太平間的過程，所有不在這個範圍內的死亡，則會被視為非正常或可疑。而如果這一家人生活於前現代社會（例如中世紀），反應可能來得平淡得多，畢竟在當時的社會，餓死、病死、戰死和酷刑死都常見於人們的日常生活，如果幸運地得以安詳地老死，也基本都發生在家中。死亡在前現代社會是可見的，甚至是常見的。

讓我們繼續想像，面對家人的死亡，其他人會怎麼處理呢？可能有些人會打電話報警

或者叫救護車，有些人會高聲詢問附近有沒有專業的醫務工作者或者有急救資格的人。救護車來了，載着疑似死亡的人開往醫院，救護人員一路上都為其進行搶救。到了醫院，繼續使用手動和電擊的心肺復甦以及各種其他搶救措施，力圖要把瀕臨死亡的人救活。這就揭示了現代社會死亡意識的第二個特點：理性化——現代社會力求使用科技發展的工具理性推遲和控制死亡的發生。不管是醫療急救，各種研發的藥物和療法，還是日常人們根據所謂科學研究發現而遵循的養生之道，甚至醫學專業對於何謂「死亡」的鑑定權力，都是現代社會認為生命應以工具理性進行管理的體現。如果這是在中世紀，可能其他家人只會悲傷地圍在死者身邊禱告，並自行將其埋葬。

這個故事在中世紀已經結束了，但在現代社會還遠遠沒有。送院者最終沒有救活，由於這次死亡並沒有發生在應該發生的時間和地點，屬於非正常死亡，整個社會都可能因此而產生恐慌。警察需要調查這到底是意外死亡、他殺還是自殺，公共衛生專家需要確認這涉不涉及致命傳染病，保險公司需要確認死亡的原因包不包含在賠償條款中⋯⋯調查結果顯示，死者其實是服藥自殺，那社會學者就要探討是怎樣的社會原因會導致人自殺，我們應該如何修正這個社會問題（這位社會學者顯然是涂爾幹的粉絲）⋯⋯總而言之，這一系列的探討都是圍繞如何理性地鑑定死亡的性質和預防死亡的發生。在這個脈絡下，我們可以看見，生死在現代社會中是分屬不同專業部門的職責範圍，因此家庭在其中的功能非常小，並且，個體對生死的自主也非常有限。

這就涉及到現代社會死亡意識新興的一個特點：個體主義化——個人應該享有死亡的自由，應該尊重個人自主選擇死亡時間和方式的權利。這就和之前死亡意識的理性化形成了在觀念上的競爭關係。前面提到的死亡的理性化主要強調工具理性，也即單純在「量」的層面上用各種科技手段延長生命長度，推遲死亡來臨。而與之相對的個體主義化，涉及的是在「質」的層面上提升生命的品質和意義，強調的是價值理性。這種觀念認為自由意志是生命尊嚴的決定性因素，對生命來說最重要的是意義而不是長度。因此現代社會也在不斷用工具理性延長生命的主流之外，開始探討自殺權、安樂死和紓緩治療的議題。這些都不是在前現代的背景下會產生的問題。

前面齊美爾關於死亡形上學提到的生命在現代社會出現的個體自傳的意識，也和這種個體主義化特點密切相關。舉個例子，現在愈來愈多人注重個性化的喪禮，甚至把喪禮提前變成親友告別會，其實都是這種個體主義化脈絡下人們撰寫個體自傳的一種表現方式。喪禮和告別會都是為了回溯生命的歷程與深度，是關於如何講一個關於自己的生命故事。現代人愈來愈希望這個生命故事是一個自主書寫的「自傳」，而非隱沒在社會傳統和主流論述中的一顆平平無奇的塵埃。

　　可見，隨着現代社會科學技術和管理技術的發展，生和死已極大地脫離了自然規律和周期，進入了社會規範的領域。既然社會規範是一種社會建構（並非自然規律），在不同社會的文化背景以及歷史背景下會呈現不同的樣貌，那麼我們實在需要借用社會學的眼光來審視我們對生死的認知，以及我們和自身、和社會之間的關係。

延伸閱讀

1.　Ariès, P. (1974), Western Attitudes toward Death: from Middle Ages to the Present, the Johns Hopkins University Press.

2.　Clark, D. (ed.) 1993, The Sociology of Death: Theory, Culture, Practice, oxford, UK: Blackwell.

3.　Durkheim, Èmile (1951), Suicide, New York: The Free Press.

4.　Simmel, G. (1984), Zur Metaphysik des Todes. In: Simmel, G., Das Individualitaet und die Freiheit, Frankfurt a. M.: Fischer.

涂爾幹（Émile Durkheim）的《自殺論：社會學的研究》發表於 1897 年，是最早開始探討死亡相關議題的社會學著作之一。他在書中將自殺視為一種社會事實，討論了自殺現象的分類及其社會動因。（繪圖：伍桂麟）

鍾一諾教授

香港中文大學公共衞生及基層醫療學院助理教授
香港生死學協會創會會長
D100 電台節目《生命 21 克》主持人
版權歌手、「鍾氏兄弟」成員

　　從有歷史以來，人類已經發展出道德這概念。古代神話、史詩、傳說中都不乏道德教誨的故事。道德是衡量每個人日常生活行為的觀念標準；簡單來説，它是用來區分事情的對與錯，並作為人類行動的指標。雖然愈來愈多研究指出不同的動物也擁有牠們自己的道德理解，但敢肯定，世上沒有其他生物比人類發展出更系統化的道德理論。這些理論大多由文化、宗教、哲學等建構出來。時至今日，對道德生活進行系統式思考與研究的學科，我們稱之為「道德哲學」（Moral philosophy），或作「倫理學」（Ethics）。

　　「道德」與「倫理」這兩個名詞很多時候都會在日常用語中被一併甚至互換使用，但其實它們的內涵是有分別的。「道德」被用上時，它像是一種自然、本能反應的判斷。例如，某人被殺死，大部分人的本能反應都會告訴自己，殺人是不道德的行為。但在「倫理」中，我們會嘗試更客觀地觀察所發生的事，分析當時的處境、該行為背後的原因，再判斷該行為究竟是否不符合倫理原則，會否符合某種倫理原則但與其他倫理原則衝突，而在不同的原則中有哪些是相對更有説服力。所以，在倫理學裏，除了要考慮大家習以為常的社會文化規範之外，我們更會以多角度及不同的倫理原則去考慮及判斷一件事的對與錯。以殺人為例，使用倫理的哲學思維，我們會問：這個被了結生命的人是否一個臨終病人？如果是，他／她的實際臨終情況是怎樣？他／她是怎樣被了結生命

呢？是否終止了維持生命治療還是醫生主動注射可殺死病人的劑量的藥物（即安樂死）呢？他／她有沒有表示過自己的臨終意願呢？終止維生治療又是否病人的意願呢？當然還有很多問題需要去解答，但相信大家可感受到提出這一系列問題的需要，因為它們可以幫助大家進入一個實質的場景，而不只是憑空想像一些不符合現實情況的道德觀。

生命倫理（Bioethics）是倫理學中的一個重要流派，因為它涉及的都是一些關於生命與生物的倫理議題，包括：生物與醫療科技的發展（如基因編輯、醫療自動化）、醫療倫理（墮胎／生育權、代孕生育、人工受孕、變性）、臨終護理（預設醫療指示、不作心肺復甦術、協助自殺、安樂死）、有限醫療資源分配（如器官及遺體捐贈、醫療服務財政配置）及公共衛生政策（如傳染病隔離政策、全民疫苗措施、控煙政策、精神及娛樂性藥物使用）等。而當生命倫理學家思考這些與生命及生物有關的倫理科題時，他們都會參考四大原則——（一）尊重自主原則、（二）不傷害原則、（三）行善原則及（四）公平原則。

尊重自主原則（Respect for autonomy）在四大原則中通常被賦予最舉足輕重地位，因為它涉及的是個人作位主體對於自身的控制及管理；尤其經歷過二次大戰時戰俘被用作一系列嚴苛實驗品的慘痛經歷後，世界各地科學及醫學領袖都意識到沒有對個人意願的尊重，無論怎樣高科技的治療也可以被利用來達成醫療人員或研究員的個人慾望（如為了利潤硬銷不必要的醫療服務等）。這個原則要求病人在作出醫療決定時擁有思考、意圖及行動的自主權，即是說他們的決定不應該被任何的威迫或哄騙所左右。在這個大原則下，醫護人員所扮演的角色不是不可被挑戰的權威，而是需要盡力去以他們的專業知識及判斷告知病人要為治療方案所需要承受的風險及其益處，幫助病人作出以病人自己的最佳利益為依歸的決定。以臨終護理為例，一個醫生如果一意孤行地認為他／她所建議的醫療方法（如插喉餵食以延長生命）能為臨終病人帶來最佳利益，但罔顧病人不想使用這些令身體非常難受的維生治療的意願，這位醫生所做的便有很大機會是不符合倫理，被稱為「家長式治療」（medical paternalism）。

不傷害原則（Non-maleficence）及行善原則（Beneficence）乃非常相關。不傷害原則要求醫護人員（或政策倡議者）不會因為所施於的醫療方案（或更宏觀的醫療政策）而

令病人（或社會）受到傷害，而行善原則要求這些醫療方案的目的是為病人（及社會）帶來益處。但因為很多醫療方案均帶有某程度的風險甚至壞處（如副作用），這兩項原則意味着醫療方案的益處需要比壞處大。再舉一個例子，陳伯是一位 90 歲身患多種長期病的臨終病人，其中一個病是前列腺癌。因為這個病，陳伯的其中一位專科醫生建議他做前列腺手術，以改善這個病帶來的病徵。問題是陳伯已經年紀老邁，而且被診斷為臨終病患者，身患多種病，非常虛弱，動手術既不能根治問題，亦不能逆轉病情，甚至他能否捱過手術都成疑問；在這個情況下，動手術的風險可能比益處更大。因此，根據這兩項原則，提出為陳伯做前列腺手術的建議便很大機會不符合倫理。

第四項為公平原則（Justice），亦是四大原則內最複雜的。雖然所有公平原則的理論流派都是以亞里士多德（Aristotle）的原始理論作為依歸（即相同的人應該得到相同的待遇，不相同的人應該得到不相同的待遇），但不同理論流派對「公平」的定義也有不同的理解。 例如，效益主義會認為任何令益處（減去壞處後）最大化的方案才是最合符公平原則的方案；而平等主義則認為較弱勢的社群的待遇應該更被重視。正因為公平原則需要面向大眾，所以通常會被運用於政策的討論上，而只要你稍有關注時事便不難發現，政策的討論往往是最難達成共識的。

最後，這四種原則不是一個清單核對表，即不是說我們在每一項原則隔離打個勾就代表行動或政策是合乎倫理。事實上，每一個醫療決定或政策，牽涉的原則及其程度都可能不一樣。更重要的是，我們不要只聽見某一些敏感字眼便妄下判斷事情的對與錯。深入理解每一件事情及決定背後的來龍去脈是倫理學的一個重要科題，亦是邁向更認真對待道德的一條路。美國倫理學家 Michael Sandel 曾經說過，倫理學是危險的，因為當你認真思考它後，你再不可以把世事都看得太過簡單，而你的世界亦再不會一樣了。

延伸閱讀

1. Campbell AV. Bioethics: the basics 2nd ed. London: Routledge; 2017.

2. Beuchamp TL, Childress JF. Moral theories. In: Principles of Biomedical Ethics. 6th ed. New York: Oxford Press; 2009:333-367

3. Buchanan DR. Autonomy, paternalism, and justice: ethical priorities in public health. American Journal of Public Health. 2008;98:15-21.

華人社會現在說的「孝義」是源於春秋時期的儒家學派創始人孔子，是家庭倫理的核心。正因為有這種社會規範，很多人在面對家人生死問題也會以「孝」來作為道德的標準。但對於臨終護理，社會普遍把「孝」詮釋為所有方法都要一試來拯救家人生命，卻缺乏了上述其他倫理原則的考慮，往往令家人臨終時遭受更多不必要的痛苦。（繪圖：伍桂麟）

壽終之處——
公共衛生看生死

黃麗儀教授
香港中文大學醫學院公共衛生及基層醫療學院教授
加拿大註冊護士
香港註冊護士
香港調解資歷評審協會認可調解員

常說「五福臨門」，究竟是哪五福？第一福「壽」；第二福「富」；第三福「康寧」；第四福「好德」；第五福「考終命」就是善終的意思。對中國人來說，壽終正寢可能是人生盡頭的最後福氣——年過八十，死在家裏有親人作伴。可是，為什麼大部分人都在醫院過身？現行制度是否不容許在家離世？

其實，臨終病人可以選擇在家離世，但需要事前有醫生批准。若醫生已確診病人為末期病患，病人可留在家中安寧。這期間醫生需兩、三天上門查看病人狀況，直至醫生證實病人死於自然，醫生便可發出《死因醫學證明》，家人不需報警，亦不需驗屍，便可申請「死亡證」。現行制度除了要確保病人死於自然，還有公共衛生的考量。其實，早於戰前五、六十年代，在家離世非常普遍。但由昔日至今，香港究竟經歷了什麼變化，令留院離世成為主流，而今天在家離世又再次被受關注？為了更了解當中的來龍去脈，讓我們先由香港殖民時期說起。

英國殖民初期

自 1842 年，香港成為英國殖民地，初時民生凋敝，居住環境惡劣，缺乏清潔食水，

亦沒有完善的醫療設施。於是，英國政府開始設立西醫醫院，主要為公務員、在港的歐洲人及英軍提供醫療服務，亦有少量醫院開放矛本地香港人。但當時西醫並未普及，而且醫生多是由英國來的外國人，因此本地人對西人及西醫服務都存有戒心，生病還是傾向看中醫。因此，當時大多數人都在家中善終，在自己熟悉的環境，親友的陪同下離世。

這段期間，香港迅速發展，大量人口由中國大陸湧入，而這些人大多是隻身來到香港，家人還在中國大陸。當時大部分人生病去的都是中醫館，根本不會到西醫醫院，因病去世的人的屍身因為沒有家人在旁善後，很多時就只放在街上或山林中，亦因而引起公共衛生的問題。有鑑於此，在 1851 年，英政府撥地興建義祠，暫存遺體等候送回死者在中國的家鄉落葬。因此，有了初步的屍體處理程序，目的是防止疫症或傳染病爆發，但對於病者臨終前的生活質素、或現時所謂的死亡質素並未有重視。

20 年間，直至 1870 年代，人口不斷增加，義祠趨於飽和，街上又再出現遺體，於是政府開設中醫醫院，以改善一般平民的健康及醫療質素，而東華三院便是當時其中一間為市民提供免費中醫服務的醫院。五年以後，東華義莊成立，初期主要服務美國華工，為客死異鄉的華工安排運送、暫存遺體待返家鄉落葬，成全他們落葉歸根的心願。另外，義莊亦為無人處理的棺柩安排落葬。

黑死病在香港爆發

隨着西醫逐漸普及，政府設立的西醫醫院亦開始對公眾提供服務。為了令更多本地人能受惠於西醫服務，在 1887 年，香港西醫學院成立，專注訓練本地西醫醫生，及後擴展到護士和助產士。1894 年，香港爆發鼠疫，又名黑死病，死亡率高達 93.7%。疫症在大約 10 年間，由中國大陸蔓延至香港、澳門、台灣、印度、美國三藩市及澳洲，造成超過 2,000 萬人死亡。由於當時大部分的亞洲地區均是不同西方國家的殖民地，包括英國、法國、荷蘭等，因此各地的抗疫措施都是參考西方各主權國的醫療體制。香港當時所參照的便是英國體制，因此無可避免西醫服務逐漸成為主流。於是，本地人開始到西醫醫院就診，亦因此在醫院離世的病人數目開始增加。

由於黑死病的傳染性極高，政府擔心疫症會波及當時在香港境內的英國人和歐洲人，於是透過當時的潔淨局就有關屍體處理及消毒隔離等安排立法。雖然本地人最初對將遺體交給政府處理極之抗拒，甚至有流言指西方醫生會將遺體肢解。這説法對於深信全屍安葬、入土為安的中國人來説是很大的禁忌；但由於疫症的嚴重性、其他傳染病的風險及衛生問題，政府不得不介入規管，從而令病人在醫院離世的情況日益普遍。另外，在 1956 年第二次世界大戰後，政府正式立法介定何謂合法處理屍體，於是在家離世的習俗漸漸減少。直至現時，於醫院離世比率已見一些重大公共衛生議題，是如何影響我們一些根深蒂固的生活模式。

重新審視「死亡質素」

近年因為全球人口老化，各地對長者、長期病患者的照顧及善終服務的關注增加。不單生活質素是醫學界的焦點，「死亡質素」亦成為討論焦點。根據《經濟學人》在 2015 年的報告，香港的死亡質素排名比台灣（第 6 名）及新加坡（第 12 名）低，只有第 22 名。如何讓長者及病者死得安寧、死得有尊嚴，成為醫護界需重新思考的問題。回顧歷史，現行制度的形成很大程度基於公共衛生的考慮，相對忽略了中國人重視的第五福「壽終正寢」；加上在香港生死教育普遍不足，更別説關注「死亡質素」。

以在家離世為例，其中一個最大的困難就是醫生人手不足，不能定時上門查看病人。除了增加醫護人手，學術界亦提出是否能在法例和政策上放寬病人在家離世的程序。試想病人留離之時在冰冷的病牀、身邊都是陌生的人、身上插着不同醫療儀器，即使親人都在身邊，但總不比在自己熟識的環境來得安心。死得安寧就是給人生寫上完美的句號，也是臨終者能得到最後的祝福。如何令長者和病人在臨終前走得安寧、走得有尊嚴，做到真正壽終正寢；有賴多方配合，除了醫療服務模式和政策之外，照顧者或社區的支援，樓宇設施的配合，公眾教育以及消除對兇宅的謬誤，是政府、醫護界及社會需要一同討論的議題。

延伸閱讀

1.　香港中文大學賽馬會公共衛生及基層醫療學院網頁（https://www.sphpc.cuhk.edu.hk/）

2.　〈公共衛生涉流行病、環球健康知識〉，明報 JUMP，2018 年 3 月 16 日。

3.　〈第四章：醫療服務、公共衛生和長者照顧〉，《2017 年施政報告》。

4.　〈晚期病人簽紙拒急救 救護現須按例照救 「預設醫療指示」研就立法諮詢〉，明報，2019 年 5 月 29 日。

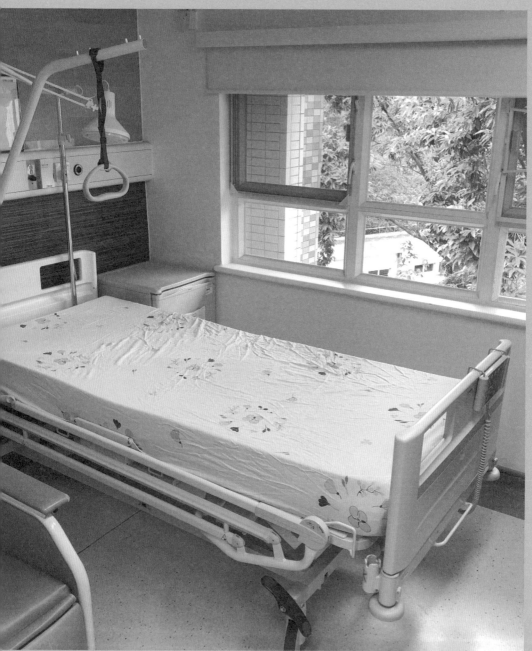

如何讓長者及病者死得安寧、死得有尊嚴，成為醫護界需重新思考的問題。

殯祭之禮——
民間信俗看生死

鄧家宙博士
香港史學會總監
兼任大學講師
新城電台節目嘉賓主持

家與魂的概念

　　中國傳統並非以宗教信仰主導的國家，不從形上的哲理來處理生死問題，反從現實的觀察中得出較為務實的結論，簡單而言：生命的源頭來自於父母。也就是由一男一女的結合（家庭）而孕生出新的生命體。而生命卻受時間的局限，終有壞滅消失（死亡）的一天，這是所有生命體都不可抗拒的定律。雖然如此，死亡並不代表一切從此消失，所有生命體必然存有父母所賦予的血脈（基因），透過這內在而隱性聯系，使父母的生命在子孫的身上得以延續下去。但畢竟祖先的身體已經朽壞，因此子孫要透過外在的家庭祭祀，定時與祖先和父母維持精神層面（魂）的互動。由此可見，中國傳統生死觀念，由生命的起源與延續，再到死亡的殯葬和祭祀，其實都以「家」為核心、以「魂」來貫穿。

　　是以，「家」為生命的源頭，概念比較易明：就是兩個無血緣關係的生命體，透過婚姻盟約脫離父母的家庭，從新組織屬於兩人的新家庭，繼而生兒育女，延續後代；至於「魂」就比較難理解，《說文解字》曰：「魂，陽神也。」、「魄，陰神也。」其注云：「按魂魄皆生而有之而字皆從鬼者、魂魄不離形質而非形質也。形質亡而魂魄存。是人

所歸也。故從鬼。」意思是說，魂魄是寄生於生命體（肉身）之內，是無形無質的精神，能主宰思想、意念、情志。古人相信，當生命終結時，肉身機能雖然停止活動，但魂魄卻會脫離身體永遠存在於虛空之間，因此作子孫的便要透過連串祭祀儀式，以安撫、迎接、供奉先靈，後來更滲入佛教、道教的觀點與儀式，衍生出各種的與生死相關的民間信俗。

「生」的信俗

雖然「生」源自於夫妻的結合，但生兒育女始終不由人力所控制，有子無子，生男生女，得仰賴於命運的安排。當人對某些事情有所期盼卻又無從掌握結果的情形下，尋求外力的幫助就是自然不過之事。就神靈信仰方面，掌管生育、照顧孕婦的神明就有金花娘娘、註生娘娘、西王母、花王父母、求子觀音、多仔佛等，連帶守護嬰兒健康成長的還有十二奶娘（二十奶娘、三十六宮奶娘）、牀頭婆婆、保生大帝等神靈。另外，古人亦有拜求子石的風俗，通常於山林間找到某些山勢或岩石，其外形狀似男女生殖器官，認為是天地靈氣所在，求之可得子嗣，在香港以茶果嶺求子石及寶雲道姻緣石最為著名。又這些「求生子」的信俗無特定的拜祀禮儀，取決於善信的誠意，雖近似原始崇拜，但相關的拜祀仍相當普遍。

至於家族方面，因新生命流着祖先的血脈，直接影響家族人口的延續性，古人多在祠堂進行祭祀，希望祖得到祖先的保佑。遇有誕下男丁的家庭，則會於來年新春期間在祠堂舉行「開燈禮」，子孫藉該儀式向歷代祖先和親友報告家族已增添成員，同時將新生男丁的名字按世系輩份紀錄在族譜內，以取得家族成員的承認。因「燈」與「丁」的諧音，因此「開燈禮」就是家族內部開枝散葉的最具體象徵。

當孩子長大至 16 歲左右，父母就會安排舉行「冠禮」，透過祭祀祖先及授冠、授名的禮儀，以宣告孩子已長大成人，能承續、分享家族的權益，更重要是表達孩子的身心發展已經成熟，可以成家立室，繼後香燈。完成冠禮之後，父母便為子母選擇婚娶，同樣透過繁複的禮儀，向祖先及親友宣告男家將添入新的成員（媳婦）。女生脫籍歸屬

於男家，從此冠以夫姓，並肩負侍候翁姑及開枝散葉的使命。如是者，新婚夫婦孕生子息，延續上一代的血脈，形成世代弗替的循環系統，使祖先以另一種方式繼續存在。

「死」的信俗

由於古人相信人死後，魂魄（精神）會脫離肉身，卻因為無形無質，抽象難解，故藉着「殯、葬、祭」儀式來指導亡靈的「前程」，同時也令遺族和親友同步陪伴先人「上路」，從而達致冥陽兩利，生死相安的目的。

首先，人死後魂魄會繼續存在，然而究竟何去何從，卻沒有明確的解釋。不過我們仍然可以透過三組成語和相關的信俗禮儀來了解古人對死後世界的態度。

殯葬禮主要流程簡表

	正寢	在家往生
初終（第一日）	正寢	在家往生
	復禮招魂	升舉先人舊衣，呼名招魂
	易服禁食	家眷改穿喪服
	沐浴	清潔先人遺體
	設奠訃告	設家奠及發喪公告
	飯含	以飯錢置入遺體口中，以表不忍先人空口離去
	襲衣	為遺體穿著壽衣
	置靈座、立銘旌	設立先人靈位及旌旗
小殮（第二日）	襲衣、設決、覆衾	為遺體加穿衣被、陪葬品
大殮（第三日）	舉棺	遺體移入棺柩
	發引	出殯巡行
	下棺	落葬

（一）有主歸主——當魂魄離開肉身後，因未意識自己已死亡，加上無形無質的關係，普遍相信會處於恐懼、迷糊的浮游狀態。子孫要在先人初終之日舉行「復禮」及「置靈座」，即在家中升掛先人舊衣並三呼其名，以呼喚魂魄返回家中奠場內專設的臨時牌位。直到葬禮完成後，子孫在喪期內舉行追祭禮儀，於祠堂內豎立先人名字的木主（神主牌），邀請學者賢達為「點主官」，為木主作「點主禮」，使先人魂魄能永久「歸」於木「主」之內，永遠接受子孫的供奉。

（二）無主孤魂——有些人因離鄉別井，或其他原故，總之離世時沒有親友承辦殯祭之禮。其遺體雖然被安置，卻沒有人為其設立木主，甚至因為意外事件而失葬失祭等情況，魂魄只能在虛空中游走，成為冥界中的流浪者，也就是所謂的「無主孤魂」。因無主可依，又缺乏香火供奉，它們只能於每年中元節（或盂蘭節）期間，接受坊眾的路祭，或是廟宇施放經誦經加持的食品才能感受溫飽，情況相當可憐。

（三）無主歸廟——由於孤魂無處安身，是以善堂或個別人士為他們處理身後殯祭事宜，先設義塚妥為處理遺體，繼而在廟宇或義祠供奉先靈靈位，好讓缺乏家眷照顧的魂魄免受風吹雨打，飢寒落魄之苦。因該等孤魂已無家族子孫所追祭，它們的痛苦情緒只能由神靈來安撫。於是受到佛道思想的影響，也衍生出拜祀地藏王、城隍、閻羅王等冥神信仰，坊眾更於農曆七月期間舉行盂蘭勝會、祭好兄弟、超渡附薦等祭祀活動，藉神靈的威能來表達對一眾先靈的同情和關懷。

		家族處理	義務處理	失葬失祭
身體	遺體	設靈 安葬 立基（專屬）	義務執葬 立義塚（集體）	有遺體但失葬 無遺體
精神	魂魄	有主歸主： • 立木主 • 日常拜祖先 • 春秋時分有子孫拜山	無主歸廟： • 立木主 • 春秋時分由代表獻祭 • 中元超渡	無主孤魂
生	死			

　　總的而言，中國傳統的生死觀完全以家族觀念為基礎，將個體生命融入群體的系統，由生命源頭到亡後魂魄歸主，以至於歲時拜祀，先人與亡者都一直保持了血緣與精神兩種層面的互動。從另一方面來看，正因為古人對魂魄的論述過於抽象和超現實，於是生死之間的模糊狀態就衍生許多聯想，加上佛道思想和各地民間風俗，使以家庭為核心的殯葬禮也滲入了誦經超渡、破地獄等「指引先人前程」的環節，形成繁雜的冥界傳說和祭祀活動。但不管各地風俗如何，可以肯定的是，殯葬禮後子孫迎請先人魂魄回家供奉，歲時與先靈保持緊密的互動，才能達到慎終追遠，飲水思源的宗旨。

延伸閱讀

1. 梁家強：《祭之以禮》，香港，梁津煥記，2011。
2. 彭淑敏：《逝者善終、生者善別：圖解香港華人喪葬禮俗》，香港，2018。
3. 王夫子：《殯葬文化學：死亡文化的全方位解讀》，台灣，威仕曼文化事業股份有限公司，2013。

圖中墓地為牛潭尾嗰喀軍人墳場。

傳燈法師

大覺禪行中心住持
佛教院校部主管

一雙隱形的手

一位正值花樣年華的女孩患了骨癌，在短短兩年間病況從好到壞，到了晚期，她似有所悟：冥冥中像有一雙手在操控命運，很想活下去，卻不能自主！從古至今，多少人試圖逃出死神的掌心，但佛說：「非空非海中，非入山石間，無有地方所，脫之不受死。」既然每個生命都難逃一死，就要認識生命的本質，以及改善生命、脫離生死輪迴的方法。

有人問佛：為何眾生有差別？有的胖有的瘦，有的高有的矮，有的長命有的短命，有的健康有的多病，有的美麗有的醜陋，有的富裕有的貧賤，有的聰明有的愚鈍……。佛答：「眾生是業的所有者，業的繼承人，以業為起源，以業為親戚，以業為依靠。業使眾生有差別。」在生命的長河中，人人都帶着累世的業力生死死生，招感到屬於他的家人、環境、身心條件、順逆際遇等，同時影響他從今以後的決定，透過作意造作三業。

佛陀教導的方法，不外是破除人的執著妄想，指出諸受是苦，心念變化多端，一切

現象找不到恆常不變的實體。一個人，無論年幼或年長，一旦壽元已盡，或令其生命延續的業已完，或因一場意外，性命就沒了。所以《無常經》說：老、病、死三者，「是不可愛，是不光澤，是不稱意。」關鍵是，經歷老、病、死時，如何把握？

提升內在力量的方法

善寧會於 2004 年對公眾人進行的問卷調查顯示，普羅大眾認為的「好死」，最重要是「無肉體痛苦」，其次是「留者善別」，其三「去者善終」。佛教的善終，是「自知時至，身無病苦，心不貪戀，意不顛倒。」《生命奧祕：十六個生命的靈性對話與臨終學習》一書提出六大法門的靈性學習，可供重病者提升內在力量的方法，照顧者有入手之處。

（一）眾善法門──首先是「病情告知」，讓病者做好死亡的準備。不少家屬擔心病者承受不住，選擇隱瞞病情，留下諸多遺憾。試想，病者在病房難道不會知道？醫生護士的談話，院友逐一的離去，他會想：幾時輪到我？經過治療，為何不能好？家人竊竊私語，究竟隱瞞什麼？坦誠告知真相，彼此才來得及說四道及交代後事。其次是與病者做「生命回顧」，回想一生的所作所為，肯定他的付出和生命的意義。其三是「修復關係」，有位老人在重病時主動與兄弟姊妹復合，還留下「莫結新仇，莫記舊恨」八字。再來是「圓滿心願」，如飲新抱茶、看粵劇、寫信、皈依等，心願完成就能安心上路。

（二）懺悔法門──意思是請求他人寬恕，或原諒他人，又或原諒自己。一位自認不孝的兒子，臨行前當空向已過身多年的母親斟茶認錯；又有兒女向彌留多時的媽媽求懺悔，媽媽才肯吞下怨氣。愧疚或怨憤的情緒處理好，才能安然面對死亡。

（三）皈依法門──對佛子而言，佛、法、僧稱「三蘇息處」，意指安慰的方法，值得信任，亦是出離生死的基礎。皈依三寶，需要清楚佛的功德、受持佛教的方法、跟隨傳承佛法的僧團修習。皈依後，就是入了門的佛子，心有了依靠，像船駛入了港灣。

（四）念佛法門——有人問：「怎樣才是好死？」衍陽法師答：「念佛往生就是好死。」念佛的原則，需要把握一個佛號接着一個佛號，綿綿密密的，中間不起妄想。《三時繫念佛事》說：「念佛投於亂心，亂心不得不佛。」如臨終者能提起方法，加上平時的工夫，才有把握往生西方淨土。

（五）隨息法門——觀呼吸是最有效對治亂心的方法之一，持續練習能提升意志，降伏煩惱，啟發智慧。起碼在病苦中，將心安住於呼吸，病軀得以放鬆，情緒、感受、意念也會歇息。對於病者，陽師父指導：「踏實地覺知一呼一吸，覺知身心的感受，覺知意念的起伏，沒有要控制什麼或改變什麼。」呼吸有生有滅，由止入觀，可以制心一處，方法用得純熟時，還能透徹萬法實相。

（六）臨終說法和助念——生命步向死亡時，會經歷外分解和內分解兩個階段——外分解，即地、水、火、風、空五大元素，加上眼、耳、鼻、舌、身五根的分解；內分解指粗細意念和情緒的分解。臨終者還會見到三種對象——業、業相或業趣，或出現譫妄，即見到已逝的人，或無法與現實連結的景象。照顧者應適切地陪伴、安撫或引導，透過念佛令其安穩往生。

人死後，何去何從？

《地藏經》提供了幫助病者的方法，如引導他行懺悔、做佈施、燃油燈，還可誦經、建塔、造像。這樣一來，命不該絕者得以康復，壽元已盡者早日往生。人死後將進入 49 日的中陰階段，並會因應個人業緣的不同，決定新生命開展的快慢和去處。七七日內，親人仍應替亡者廣造眾善，能使他永離惡趣，得生人天。

佛教深信人有前世、今世、來世，因此人死稱「往生」。而一期生命結束時，還要視乎哪個業力主導，是隨重、隨習，或隨憶念。前二者基本上是於一生中做的，「隨重」指重大惡業，如殺父、殺母，或重大善業，如修行有所成就；「隨習」是一生中習慣性、不斷造作的行為；「隨憶念」是臨終時忽而憶念的善業、惡業。

遺體處理方面，自佛時代的印度，或有丟棄塚間、野外的，也有如佛陀，由後人將遺體火化，建塔供奉靈灰的，或有僧人走後遺體不朽，以真身勉眾的。現今多以供奉骨灰，讓後人慎終追遠，也有用綠色殯葬，或將遺體捐作教育用途。做佛事的目的，在於對生者和亡者說法，大多選誦《無常經》、《阿彌陀經》、《地藏經》或《三時繫念》，「水陸法會」也有利於超薦亡者。

佛以盲龜浮木的譬喻說人身難得，勸導善用人身、提升心靈修養。每一期生命都是學習增上的機會，當所有功課都圓滿了，出離生死輪迴將指日可待。

延伸閱讀

1. 傳燈法師：《饅頭煎蛋》，大覺福行中心，2019。
2. 杜正民：《法的療癒》，法鼓文化，2018。
3. 釋德嘉、釋宗惇等：《生命奧祕：十六個生命的靈性對話與臨終學習》，三應股份有限公司，2016。
4. 衍陽法師：《病向笑中醫》，皇冠出版社，2014。
5. 衍陽法師：《心寬就是最好的道別》，皇冠出版社，2013。

既然每個生命都難逃一死，就要認識生命的本質，以及改善生命、脫離生死輪迴的方法。

永恆之旅——天主教看生死

陳志明神父

香港天主教前副主教
主教座堂堂區主任司鐸
教區終身執事委員會主席

「在起初天主創造了天地」（創 1：1）。天主按照自己的肖象和模樣造了人。「上主天主用地上的灰土形成了人，在他鼻孔內吹了一口生氣，人就成了一個有靈的生物。」（創 2：7）在人內，有上主的氣息。

天主深愛世人，祂「甚至賜下了自己的獨生子，使凡信他的人不至喪亡，反而獲得永生」（若 3：16）。天主聖子降生成人，通過死亡和復活，賜予我們永恆的生命和救恩。天主賜給每一個人的生命，都是永恆的生命。人類蒙召過一種圓滿的生命，這生命的幅度遠遠超過現世的生命，因為這生命分享了天主的生命。

生命是天主交託給我們的一個開始，要為得到永生而結出豐盛的果實。現世的生命是永生的開始和準備，我們要以負責任的態度來保守這生命；並在愛中，將自己當做禮物獻給天主和弟兄姊妹，使這生命臻於完美。

人的生命來自天主、屬於上主。人的生命是神聖而不可侵犯的，天主是這生命唯一的主：人不可任意處置這生命。因此，蓄意墮胎及安樂死都是不能接受的。每一個人都有責任維護和促進生命。

我們會成長、老化及死亡。死亡是人在世旅途的終結。「人只死一次」（希 9：27），故此，沒有死後「再投胎」的事。因着基督，信徒的死亡有了積極的意義。為信仰主的人，生命只是改變，並非毀滅，當我們在世上的寓所被拆除後，天主又賜給我們在天上永恆的居所。人死時，靈魂與肉身分離，但在復活時，天主要賜予我們肉身不朽的生命，使它與靈魂再次結合而改變。

天主教臨終處理

臨終者有權利在尊嚴中度過他們人生最後的時刻，尤其獲得祈禱和聖事的支持，準備去會見生活的天主。2017 年 4 月，天主教香港教區頒布了以下堂區對病人及衰弱長者的牧民關顧指引：

- 堂區聖職人員（司鐸及執事）應適當培育堂區職員及教友，有關病人傅油聖事及照顧病人的意義，並提醒教友，協助區內需要牧民關顧的教友病人及衰弱長者，聯絡堂區，以便及時跟進。

- 堂區聖職人員有責任關顧區內患病或因年老體弱，而不能到聖堂領受聖事的教友，無論他們是住在醫院，或留居家中，或院舍。堂區聖職人員該給予病人及其親屬牧民上的照顧，強化他們的信德。

- 堂區聖職人員及「非常務送聖體員」，探望病人或長者，及送聖體時，常該先與照顧他們的家屬、醫護人員或牧靈人員溝通，清楚了解病人的精神狀態，以及生理上能否正常吞嚥，尤其是否不可進食，或正在使用協助呼吸的儀器，方可送病人聖體，否則，祈禱及神領聖體便可。

- 「疾病時常激發人追尋天主並歸向天主」，每當有教外病人或長者接觸堂區聖職人員、堂區職員或教友，希望得到牧民關顧時，堂區聖職人員及堂區職員理所當然地，應去接觸和幫助這些非教友病人和長者，給予他們靈性上的照顧。

- 堂區宜於每年的常年期主日，尤其在誦讀有關耶穌治病的福音時，或特別為病人祈禱的日子，舉行團體病人傅油聖事，使不用留醫住院的病人或衰弱長者，獲得神益，亦幫助堂區團體關懷病人，以體驗這聖事的團體幅度。

天主教身後儀式

天主教徒的喪禮，是教會為亡者的益處而行的儀式。它表達生者的哀思，但同時具有對期待復活的特色。教會藉着喪禮，表達與亡者的共融，也使當中的會眾團體參與此共融，並向會眾宣告永遠的生命。香港教區有以下的牧民指引：

- 關於安葬事宜，原則上，香港天主教墳場只為天主教徒，或經過慕道者收錄禮的正式慕道者，提供基地或骨灰龕，但不包括「未經過慕道而臨危領洗者」。

- 堂區聖職人員，聯同堂區秘書、堂區職員及堂區「善別小組」，要協助亡者家屬籌備葬禮，並給予牧民關顧。

- 天主教徒可選擇土葬或火葬。惟骨灰不可撒於空中、大地及海中，或以其他方式撒灰，甚或保存於家中，或製成飾物。

- 在決定葬禮日期前，亡者家屬應先與主禮司鐸、執事，或堂區「善別小組」溝通，以約定合適時間。

- 有關殯葬禮的籌備和舉行，必須尊重亡者及其家屬的意願，應顧及亡者家屬的感受和合理意願。（例如：葬禮的方式、選經，並可由他們邀請讀經員，及負責獻禮等等。）

關於殯葬禮主持人，一般情況下，天主教殯葬禮由聖職人員主持。在特殊情況下，例如聖職人員因故未能出席時，堂區「善別小組」的平信徒成員，或其他平信徒，經堂區主任司鐸授命，可以非常務人員的身分，主持殯葬禮。

鼓勵堂區成立「善別小組」，以協助聖職人員去關懷亡者家人、協助安排天主教殯葬禮，以及協助殯葬禮進行，甚至在需要時，得堂區主任司鐸授命，可主持殯葬禮。

總結

人的生命是神聖的。教會因天主之名向每一個人提出迫切懇求：「請尊重、保護、珍愛和服務生命，所有人類生命！只有遵照這個方向去做，你才能找到正義、發展、真自由、和平與幸福！」

但凡教友因疾病或衰老、開始有死亡的危險，其家人可聯絡醫院牧靈部或堂區聖職人員，安排該教友領受傅油聖事。如教友逝世，其家人應立刻通知亡者生前所居住的堂區聖職人員；詳情可瀏覽天主教香港教區網頁。

參考資料

1. 《天主教教理》，#355-368，988-1020，1680-1690，2258，2270-2279，2299-2301
2. 《道在家中》
3. 教宗聖若望保祿二世：《「生命的福音」通諭》。
4. 哈爾頓著，李子忠譯：《「生命的福音」通諭教理精義》。
5. 《香港教區牧民指引》2017，有關《病人傅油及照顧病人》及《殯葬禮》
6. 2016 年羅馬信理部《為與基督一同復活》訓令 （Ad resurgendum cum Christo)

延伸閱讀

1. 哈爾頓著，李子忠譯：《「生命的福音」通諭教理精義》。
2. 《DOCAT 我們該做什麼》

今生相愛於基督，來日重逢在天上。

出死入生——
基督教看生死

盧惠銓牧師
香港醫院院牧事工聯會總幹事

　　生、死是人生十分重要的課題。宗教與人生既是息息相關,許多人亦因此冀盼從宗教裏得到啟迪。遠古之時,人把生與死相提並論,本是自然不過的事,甚或把壽終正寢喻為五福之一[1]。可是不知何時開始,人對死亡避諱不談。昔日孔子回應門生求問生死之事,教曰:「未知生,焉知死。」[2]查實倒過來說「未知死,焉知生」豈不也很有意思?談生、談死,談何容易!實情談死比談生更難。

　　面對生與死,從來沒有最好的準備,但總好過從來沒有準備。基督教的生死教育總題,可理解為「出生入死,出死入生」。人有一生,也有一死。從生理角度嚴格來說,人只得生一次,也只會死一次。人渴望有生之年要活得好,臨終之時也要死得好。然而在現實生活裏,這看似合理的渴求卻不是理所當然的。有一位血癌少年臨終之時,曾說:「請不要離開我,我害怕,因我從沒有死過。」

　　歷代哲人說過人出生便是邁向死亡。[3]這話雖然真,但人不是為死而生。死亡並非人生存的目標,只是一個結局,卻可以不是終局。自從死亡因着人類的罪性從創造的世界裏出現之後,沒有人不會死,也沒有任何條件能確保人可以倖免肉身的死亡。「凡有血氣的就必一同死亡;世人必仍歸塵土。」[4]人不能絕對掌控壽數長短,也不能絕對逃避死亡來

臨，因為「無人有權力掌管生命，將生命留住；也無人有權力掌管死期。」[5]

常言道，預防勝於治療。這道理同樣適用於生死教育。基督徒學習以較健康的神學來詮釋生、病、老、死的存在與結局。別以為在信仰上有了知性的免疫力，就不會遇上病患與死亡的打擊，或是能從容地面對衍生出來的各種負面情緒與感受。只是免疫力愈強，愈有機會駕馭所帶來的破壞與傷害；而出於愛的服侍，例如：陪伴、關懷與實質協助，仿如締造了優質的心靈護理環境，有助受創的心靈得醫治。

基督教看人有別於其他受造之物。人是有「靈」的。人的生命包括身、心、社、靈。肉身的死別固之然使人與人分離，但靈性的死亡更叫人與創造主關係隔絕。靈性的隔絕比肉身的隔絕後果更嚴重，影響更深遠，因為這正是上帝對人施行審判的關鍵原則。上帝審判人，不是取決於宗族、文化、性別、學歷、名譽、財富、權位、品格、對上帝的知識、甚或很多人以為的公德善行等等，而是着重人願意真心回轉歸向上帝，與祂和好，在靈裏重建關係。哪怕這種靈裏的復和只等到在人瀕死之時才發生，上帝對人的終局擁有最終的主權。當肉身與靈性的死亡已成為不能改變的事實之後，上帝因着愛決意救贖挽回人類的生命。祂願意並付上了沉重的代價，主耶穌在十字架上成就的救恩，叫人的生命可以不至永遠死亡。

無論是肉身抑或靈性的死亡，都是一種失去。但願失去教人珍惜，能喚醒世人珍惜有生之年重建豐盛的生命，包括修補已破損的關係。人如何選擇活在當下，活得有意義、有價值，比設法逃避或尋求死亡更合乎創造主的原意。飽歷人生的詩人摩西，晚年之時向上主禱告：「求你指教我們怎樣數算自己的日子，好叫我們得着智慧的心。」[6]

阿華（化名），才五十多歲，已是晚期病人，遇上第一次來關心他的院牧，隨即喘着氣卻使勁地怒吼：「唔…好…同…我…講…耶…穌！！」院牧雖感到有點詫異而先行撤退，卻沒有放棄。隨後的探訪，院牧決定靜觀其變，繼續以友善的眼神表達關懷，默默相伴，並嘗試把手輕輕放在阿華手背上，他沒有縮手也沒有推開院牧的手；沉默了三數分鐘，最終開口說話。

「唉！昨晚睡得很差……鄰牀的阿伯整晚在呻吟叫嚷！」阿華慢慢地把自己的病況與心境娓娓道來。原來一段婚外情，他已把自己的家鬧得很不愉快，家人對他十分不滿，拒絕會面！雖然太太仍不時來探他，但也經常吵架收場。在接下來的探訪中，阿華向院牧表示真的希望生命可早日結束。院牧也表示明白他渴望解脫！然而院牧感受到他若就此離去，其實並非真正的解脫，而只是無法承受自己良心責備與家人控訴時，苦無出路下的逃避，卻最終會為自己與家人遺下無法化解的遺憾、憤怒與歉疚！

牧： 撫心自問，你甘心讓自己就此含恨而終，同時遺留給家人一生難以化解的遺憾與埋怨嗎？

華： （搖頭嘆息）唉！我還可以做什麼？

牧： 你願意向家人誠懇道歉並請他們原諒你嗎？

華： 這個很難開口啊！況且你也知道我說不到幾句……便已氣促！（說到這裏他果真要停了下來，喘了一會才能再吃力地說下去。）而且……唉！情況也愈來愈差！（院牧看見他，知道他所言屬實，也許不多久他更難以說話。）

牧： 只要你想向家人道歉，我可為你代筆寫兩封信，一封給你的妻兒，另一封給你父母和兄弟，然後請你簽名，你認為如何？（他點頭稱好。於是院牧按他的意願寫了兩封信，然後再讀給他聽。）阿華，你認為這兩封信能代表你的心意嗎？

華： 好！很好！這正是我的心意！（跟着阿華很認真地，同時頗吃力地在兩封信上簽上自己的名字。）院牧，好多謝你，我現在終於可以放下心頭大石！（他停頓了一會，又再喘氣，然後帶點尷尬地說）院牧……真的很對不起……我起初還以為你來……只是為了同我……講耶穌！

牧： 阿華，其實你已經遇見了耶穌！（看見他一臉不解，院牧於是慢慢向他解釋）主耶穌就是了解你與家人重重的心結，才差派院牧來……主耶穌就是如此愛你和你一家，

祂更為了擔當你、我並全人類的罪而死在十字架上，你願意相信祂嗎？（阿華沒有猶疑，當下即時欣然跟隨院牧禱告，把生命交託給主。）

幾天後，阿華安然離世了！他一位信主的女兒來電：「我從沒想過父親會向我們道歉，多謝院牧，你的愛感動了父親！」院牧由衷的回應：「不是我，是主耶穌的愛！」[7]

上帝為了人類「出生入死」的困局，定意提供了可靠的方法幫助人迎向死亡及超越死亡的轄制，信心是得着永生確據與盼望的可靠方法，因為這是主耶穌的承諾，「我實實在在的告訴你們，信的人有永生。」[8] 臨牀經驗顯示，得着永生確據與盼望的人，更能勇敢與安穩地迎向死亡，因為他們相信肉體雖然朽壞，靈魂卻會歸回上帝的懷抱中得享安息，而且在那裏更可與其他同享安息的人在天家重聚。上帝更應許在主裏「睡」了的人，會在祂所預定的時候，將要以一個全新且帶着榮耀的形體復活。「因為我父的意思，是叫一切見子而信的人得永生，並且在末日我要叫他復活。」[9] 但願我們因着認識上帝的救恩、憑信而建立的永生確據與盼望，叫我們在有生之年可以盡力活好，到死亡來到之時，充滿平安與盼望進入永恆。

註釋

註 1： 《尚書 ‧ 洪範》

註 2： 《論語 ‧ 先進第十一》

註 3： 海德格（Martin Heidegger）是其中一位代表人物

註 4： 《聖經》約伯記 34:15

註 5： 《聖經》傳道書 8:8

註 6： 《聖經》詩篇 90:12

註 7： 個案由甘偉彪院牧提供，蒙作者允准使用。原文刊載於香港醫院院牧事工聯會出版之的院牧事工雙月刊《慈聲》「院牧反思」，2017 年 5 月號。因篇幅所限，內容經撮錄修改。

註 8： 《聖經》約翰福音 6:47

註 9： 《聖經》約翰福音 6:40

延伸閱讀

1. 阮成國：《生死兩相安》，香港，匯美書社，2009。

2. 庫柏爾羅斯：《最後一程（全譯本）－瀕死者給醫生、護士、教牧和家人的曉示》，王伍惠亞譯，香港，基督教文藝出版社，2010。

3. 盧雲：《最大的禮物－生與死的靈性關顧》，余欣穎譯，台北，校園書房出版社，2014。

4. 蘇絢慧：《請容許我悲傷》，台灣，張老師文化，2003。

5. 魏恩‧奧茨：《哀傷離痛與教牧關顧》，李健儒譯，香港，道聲出版社，1988。

6. Worden, J. William：《悲傷輔導與悲傷治療：心理衛生實務工作者手冊（第三版）》，李開敏等譯，台灣：心理出版社，2013。

生死相女

第二章

老年醫學與基層醫療

歐陽東偉醫生
內科及老人專科醫生
博愛醫院內科及老人科顧問醫生
新界西．醫院聯網服務總監（基層及社區醫療）

　　香港的臨終醫療發展歷史，起源於癌症治療，而基於以往一個根深柢固的想法——癌症是一種「等死」的不治之症，紓緩治療的角色和需要就顯得特別明顯，因而令今天的癌症病人能獲得較為成熟的紓緩治療服務。隨着醫療科技的發展，部分癌症不再是無藥可救，情況就如在愛滋病發現初期，醫學界並未有醫治對策，它被視為絕症，但時至今日已得到藥物的控制，它被理解成一種可控制的慢性疾病。對於慢性疾病，人們錯覺以為可以「醫治」，可惜事實上只是病情很慢很慢地變差，仍未有任何藥物可以根治，例如心臟衰竭、慢性肝病及肝硬化、末期腎衰竭、慢性阻塞性肺病等慢性病，其實最終仍然是不治之症，只是它們現時可能拖延更久，病情並不像癌症有一個象徵性的「死期」，而是反反覆覆，時高時低的每況愈下。由於公眾對器官衰竭此類慢性病的認知程度有限，並不認為它們是致命的疾病，政府也沒壓力為慢性病投放更多資源去發展紓緩治療，故此在癌症以外的臨終照顧觀念並不成熟，而實際上每年死於器官衰竭的人數其實與癌症相約。如把老年器官退化都計算在內，這死亡數字要比癌症更高很多。

　　由於醫療系統的設計，往往令醫生只會處理病人入院期間的病情，可能是一日，又可能是一個月，但對於病人整個生活所需的安排並不會照顧到，就好比一齣連續劇，無人理會整個劇本，每個導演只負責拍攝一集，製成品的結果可想而知。幸而近年公眾對

老人議題及生死教育的觀念有所改變，醫院管理局及老人科專科開始察覺到問題所在，更意識到一套連續劇最後幾集以至大結局是很重要。從經濟角度看，一個人在晚期醫療的開支可能比他一生所花的醫療開支更要多。若一個人能把自己的生前身後規劃得好，個人及家庭不單能節省不必要的開支，更重要的是得到一個美好的善終，完滿最後的人生。在公共醫療的角度，實行臨終照顧可能會局部提升有關服務成本，因為服務涉及很大的人力資源配備，目前也只有部分醫院推行比較完善的紓緩治療服務，但是臨終照顧服務的配套對病人家庭而言，其實也節省了不少家庭開支和減少對家人的負面影響因素，變相穩定社會和省卻負面因素所帶來的社會成本。

可能有些人會說：「那麼不投放資源在臨終醫療不是更好嗎？人便可以死得更快！」但在香港現行的法律及醫療體系的成熟程度下，根本不可能這樣做，這實在有幸於香港的醫療體系仍是緊貼西方先進的制度和規範。不過這個問題可以帶來一個反思：究竟我們現在這套推崇科學的先進醫療較好，還是一個落後無條件的醫療較好？如果要二者擇其一，我可能會選擇後者。

死亡是否被醫療化？醫療化（Medicalization）是指醫療領域漸漸擴張，並延伸至原本不屬於醫療的範圍。在醫院死亡是近 200 年發生的事，只有很短的發展歷史，從前人人都是死在家中，或是發生意外死於荒野。自從宗教團體及志願者在民間辦醫開始，直到在工業革命至世界大戰前後，醫療才漸漸集中發生在醫院內。我工作的醫院位於元朗，附近居住了很多新界原居民，他們都希望在家裏死、在村內出殯，在一個自己熟悉的環境以及鄉親陪同下離世，這是他們不錯的選擇。當然，在家離世在香港仍有許多需要考慮的地方和限制，例如社會文化忌諱死亡，法律問題等。

隨着醫學科技不斷發展，醫院內的專科取向也隨之有所改變。有些專科因有新藥物的出現，可能由紓緩性照顧轉向治療性照顧，而老人科則相反，30 年前我看症的病人是六、七十歲的老人，現在來看症的都是八、九十歲接近死亡的老人，病人群組的變更及長者身體病況的不同都令老人科逐步發展更新，現在的病人很多都患有心臟衰竭，認知障礙、中風、骨折。老人科的晚期照顧仍在起步階段，雖然發展速度慢，但是持續地向

前進發。就以餵食為例，進食作為一個人基本的生存條件，如果病人不是因為急病而不能進食，而是因老化衰竭導致不能吞嚥，這就已經是病人生命期限將至的信號。當一個人吃不到，抵抗力隨之下降，身體變弱，受到細菌感染，然後死亡，那本來就是正常不過的過程。但過往醫生也好，家屬也好，都會認為病人不能死於飢餓、抵抗力下降或細菌感染。因此必須要對病人用人工方法餵食、需要用藥或抗生素去「治療」他，所有人都應該用盡辦法去阻止不能進食這個最後並且最自然的生命事件。

我每日接觸大量的長者病人，他們給我的印象大多數都很豁達，特別是那些 90 歲以上，身體狀況仍然健壯的老人。他們都帶着毫無畏懼、欣然接受的態度面對自身的死亡，讀書不多的病人會跟我說：「我把每一日看成賺來的」，而讀書多的長者會用「人生已經完滿」來形容。我嘗試代入他們的角度去理解，或許他們已開始與這個世界脫離，親密的伴侶、相交的同輩都已經一一離開，身處的時代亦已穿梭世紀，他們就像留在一個異化的世界，負面看或者感到孤獨，但正面去看，他們已到了另一境界，唯心的世界，超然物外。

作為一個老人科醫生，我見盡死亡，但當事情發生在我身上時會如何？我有信心在醫療上、身體上的安排我可以計劃得非常好，但靈性上我自問是仍然貧乏，並未有建構出一個完整的信念系統。我會形容自己是未畢業，需要向死亡學習，當有一天我面對死亡時能夠處之泰然、瀟灑和安然，我就認為是畢業了。有些人把死亡看成終站，但若把死亡看成人生目標，為死而生，人並不是被強迫拉上列車，而是自願地想走過去，那將會是一個美好的終站。我想，或許這就是我人生最重要的一個研究課題，而你又怎麼想呢？

延伸閱讀

1. 〈醫管局推「預設照顧計劃」 助重病者有尊嚴地走最後一段路〉，香港 01，2018 年 3 月 19 日。
2. 〈醫管局冀擴大晚期長者照顧服務 助院舍長者有尊嚴地渡晚年〉，香港 01，2019 年 5 月 6 日。
3. 〈應對本港人口高齡化加劇 冀建立原地照顧長者服務〉，成報，2018 年 5 月 2 日。

舉辦「生死教育專業同工培訓系列」，凝聚社區上有志推動生死教育的助人專業，加強同工在社區上推動生死教育的信心。

陳慕寧小姐

　　試想想，假設你在醫院中，有一個人走到你面前跟你說，他希望了解更多關於生死的事，你會如何估計他的身分？或許大部分人會聯想到，這個人可能是一名病人或長者（或其照顧者），因正在面對嚴重病患或身體機能衰退而擔心自己快將要步進死亡，故希望在「死神來了」前做些準備。又或者，如果你是教育工作者，你或許會想像到這個人可以是正在準備學校功課的學生，希望在醫院這個每天都出現生死的地方蒐集資料。又如果，近日在社區上正發生了一些關於生死的重大議題，也會吸引一般大眾的關注和熱烈討論，基於好奇而希望了解更多。由以上的例子可見，其實「生死教育」與任何人都有關係，並不局限於某些人，只要有人的地方，就有人關注生死。

生死教育在醫院

　　關於生死教育，不少人都會直覺地連繫到瀕死病人，會覺得當死亡迫在眉睫時，人才會想到去探討生死相關的議題。而事實上，香港的生死教育在最開初發展的時候，也是集中於一些設有紓緩治療的醫院及院舍之中，服務也較聚焦於如何運用醫療技術，去減輕臨終病人的不適和痛楚；關於生死的決定，也多數由具專業知識的醫護人員作主導。病人和家屬偏向成為跟隨者。隨着資訊科技及教育的普及，社區人士有更多的渠道

去了解醫療知識，知識的提升為病人和家屬帶來充權（empowerment），在生死相關的決定上，醫護與病人發聲的機會變得愈來愈平衡。同時，人們除了關顧晚期病人身體上的需要外，也開始關注到他們心理、社交及靈性上的需要，希望達至全人照顧的目標。

醫社合作中的生死教育

「醫社合作」在香港各區醫院及社區團體都有着不同的演繹和發展，而其中一個歷史悠久的醫社合作模式，是醫院管理局在二十多年前設立的「社區老人評估服務」（CGAS），這種以社區為本的老人科服務，醫生、護士及專職醫療人員（例如職業治療師、物理治療師等）會親自到院舍為長者進行評估及治療，免卻他們個別到醫院覆診，更有效照顧院舍長者的醫療需要。同時，醫護人員亦會為院舍職員提供相關的護理及疾病預防的知識，在適切的照顧下，減低院舍長者重複入院的需要。這個例子説明醫社合作的基礎，是建立於「共同照顧」（share care）的理念上，不同界別的跨專業人士，共同合作照顧社區上有需要人士的健康，社區人士亦更有效獲得適切協助。引申至生死教育，筆者希望透過以下的例子，讓大家具體了解醫社合作中的生死教育，是可以如何推展的。

「一加一大於二」—— 博愛醫院生死教育地區連網

醫院管理局共有 36 間院設有病人資源中心，提供病人與照顧者賦能及支援、支援病友組織、醫院義工服務及發展、及社區協作及建立伙伴關係。而位於元朗的博愛醫院病人資源中心（後稱「中心」）在社區協作的範疇上，加入了生死教育的元素。雖然中心在這些年來一直在醫院裏為病人、照顧者及醫護人員舉辦各種生死教育活動，但同時亦發現到社區上有不少機構，一直為地區的生死教育工作默默耕耘。每個機構在推動生死教育的手法和切入點均各有所長，而成效亦百花齊放。中心想到，如果可以建立一個以「連網」為結構的平台，連結醫院及有志推動生死教育的社區團體，一同探討地區對生死教育的需要，並啟動協同效應，動用社區已有的資源，會否讓地區上的生死教育工作變得更有承托力，同時亦更具彈性，提高生死教育在社區上的接觸層面（廣度），以及豐

富生死教育的體驗（深度）？帶着這份好奇和意願，中心在 2017 年成立「博愛醫院生死教育地區連網」，開始務實地探討提升地區生死教育廣度及深度的可能性：

（一）廣度——透過向地區團體發出邀請信，召集有志推動地區生死教育的團體擔任連網成員，參與團體的性質也是出乎意料的多元化，包括長者地區中心、晚期病人居家支援服務、大學校牧處、病人復康機構、少數族裔服務中心、生命教育中心等。在既定的服務規範裏，各團體一般都會集中服務指定的對象。然而，加入這個連網平台後，各成員定期交流於生死教育的經驗，以及分享服務展望，在交流的過程中，當發掘到在生死教育工作中的共通點，成員便可自由組合起來，一同發揮所長，推動更多不同形式的協作計劃。例如早前在大學校園舉辦的「生死教育周」，就是透過連網這個平台，從單一性的校園內部活動，轉變為串連其他社區團體（例如少數族裔服務中心、青少年服務及醫院病人資源中心等），從多角度為學生、教職員及社區人士推廣生死教育，豐富服務內容。其後，所有連網成員更攜手設計切合地區人士需要的大型生死教育活動「生死教育地區論壇——生死教育公眾場」，並邀請來自不同團體的服務使用者前來參與。團體不單在提供服務的接觸面擴闊了，對於一直只接受某些團體服務的服務使用者，更有機會參與一些不同形式的生死教育活動。例如在其中一個由青少年服務團體舉辦的活動項目「密室逃脫——生死教育遊戲」中，當中一些參加者是醫院的覆診病人和社區上的長者。透過是次活動，他們有機會接觸一些平時只會在青少年服務中應用到的介入手法，參加者回饋説，這次體驗引發他們對生死教育更多的好奇心，也享受以新穎的介入手法去談生論死。由此可見，透過醫社合作，團體有機會踏足更多的服務層面，參加者在生死教育活動的體驗，亦變得更多元化。

（二）深度——每一個服務團體都擁有獨特的優勢和面對的限制，例如財政資源、同工數目、專業人員的多元性、參加者的參與程度、以及人脈連結上等的不同，在服務發展上均各自面對不同程度的困難。然而，參與連網的成員分享到，當大家透過連網凝聚在一起，就好比多了一些互助的同行者，共享固有的資源，彼此分擔所面對的困難，令大家有信心去開拓更多服務可能性。例如個別團體曾為同工安排生死教育相關的培

訓，但因資源、專業知識層面或參與人數所限，培訓的次數或進深程度未必可以有太大的彈性。然而，因着醫社合作的承托，參與成員可共同商討地區上專業同工培訓的需要，並集合各種專業知識，讓培訓內容變得更豐富和深化。例如在 2018 年舉辦的「生死教育專業同工培訓」系列，當中的七節工作坊講者包括內科及老人科顧問醫生、大學講師、自殺危機介入輔導員，社區晚期病人支援專業社工等，而培訓的參加者不單推展至非連網成員的助人專業，更容讓參加者以團體作為參與單位，即是同一機構可自行組合同工分享接受培訓的名額，參與具連續性的工作坊。這樣的安排不單可以讓參與之團體，更有彈性安排同工獲得培訓機會，亦促進同一團體內的同工，在生死教育的議題上有更多的討論，提升同工對舉辦生死教育相關活動的動力和信心。而事實上，經過同工培訓系列，部分參加者也在連網的支援下，開展一些服務協作計劃；更有一些團體加入成為連網成員，持續地注入新動力，共同編織更廣闊、更具承托力的服務連網。

總結

　　生死，並不只會發生於醫院，而是整個社區需要關注的事。透過醫社合作，讓醫院和社區共同制定推動地區生死教育的方向，共享已有的資源，發揮最佳的協同效應，為有需要的人士提供更適切及有效的服務。期望在社區上見到更多醫社合作模式的生死教育計劃，建立共享和互助的社區。

延伸閱讀

1. 〈【紓緩治療・二】單靠社區難成事 生死教育被忽視〉，香港 01，2019 年 1 月 6 日。
2. 「善生同行」生死教育地區論壇 2017 網頁
3. 「博愛醫院生死教育地區連網」生死教育專業同工培訓系列網頁

醫社同工及患病者都有均等的機會去表達對生死教育的看法。生死教育就像「百家布」一樣連繫大家，互相緊扣，同時又百花齊放。

晚期護理與照顧者支援

黃麗儀教授

香港中文大學醫學院公共衞生及基層醫療學院教授
加拿大註冊護士
香港註冊護士
香港調解資歷評審協會認可調解員

「當你照顧一個嬰孩，你會感到無比的喜悅，因為你看着她逐漸成長，像一葉新芽長出更多綠葉。但當你照顧年老的母親，看着她一天一天的衰落，一天一天的枯萎，那種心痛難以形容。所以，很艱難……要照顧生命快將終結的親人，很艱難。」曾先生的母親曾經中風，現年 56 歲的他獨力照顧 90 歲的母親。

香港和全球其他主要城市一樣正面臨人口急速老化。根據立法會秘書處的統計，香港 65 歲或以上人口由 1980 年的 7.6% 增加至 2015 年的 16.1%，35 年間增加一倍，而當局預計在 2064 年，老年人口將達至 35.9%，佔總人口超過三分一。所謂「生老病死」，人老了身體自然會出毛病，而隨着都市化和人均壽命上升，愈來愈多人患上長期病患，需要長期照顧，而香港的長者住院比例更是比其他已發展國家為高。

關於晚期護理或善終服務，我們研究團隊發現學術界或傳媒很多時都將焦點放在病人本身，忽略了照顧者所面對的情緒和背負的責任。本篇文章會透過中文大學的一個研究帶出善終服務中極為重要但備受忽略的一環 —— 照顧者的需要。

在 2015 至 2016 年間，我們與本港多間公營醫院合作，邀請了 14 位照顧者進行歷時

六個多月的個案研究。研究員對照顧者進行每月一次的深入面談及觀察，所有分析及記錄均根據 51 個成功進行的訪問作出。所有被訪者當時都正照顧起碼一名 65 歲或以上的親人，他們雖然來自不同社會背景，但都是中國國籍，因此對於「生死」大致都受中國傳統文化價值影響。

研究發現照顧者的壓力來源主要有五方面：

（一）眼看親人的健康逐漸轉壞而無能為力

（二）晚期護理病房裏的沉鬱

（三）醫療決定上的責任和負擔

（四）護理院社質素參差

（五）女性多承擔照顧者角色

日益衰弱的身體

「當我看着她一天比一天衰弱，情況逐漸轉差，我覺得她像要隨時離開。所以，我對她周遭發生的所有事都很敏感，又時不時想起和她的回憶，就覺得心痛，有時甚至後悔怎麼沒有留更多時間陪她。」陳小姐一邊輕撫着 94 歲患有腦退化症而且曾經中風的母親的手，一邊以不捨的語調説着。

看着親人的身體狀況慢慢轉差而自己無能為力的無助感，大概是最令照顧者感到難過的原因。當病人的身體受着病魔的折磨時，照顧者的心理和情緒便被親人的狀況牽動，雖然沒有説出來，但在每位被訪者的臉上都流露出渴望與病人再次聯繫但不果的失落。

晚期護理病房裏的沉鬱

李小姐一邊為母親餵食，一邊環顧病房裏躺臥着的老人，他們不是捲曲着瘦弱的身軀，就是神情呆滯的張着口，時不時發出痛苦的呻吟。李小姐點頭示意對面牀呼吸聲很重的婆婆：「她快不行了。每天聽着看着這些，怎能不傷心鬱悶？」

看着病友一個接一個的過身，對病人本身無疑是一種陰霾，同時對家屬和照顧者亦帶來沉重的情緒和心理負擔，因為這些畫面令人不免會想，下一個會不會就是自己的親人。那種死亡就近在咫尺的不安和沉鬱，不但實在抓着病人的心，同時也壓着照顧者的神經。

晚期護理的醫療決定

「要不要進行急救」是有關醫療決定的熱門話題，但這問題對於很多照顧者來說是兩難的決定。「我跟媽媽解釋我們不捨得你，但我們不想你受苦。説完，我便立刻哭了。」何小姐以震顫的聲線憶述，「我看着她受苦，真希望她早點離開，但我不想失去她。我真的很矛盾！」

就為病人作醫療決定所要承擔的壓力，筆者也有親身經驗。2016 年，我的外婆過身，而她在臨終時呼吸非常不暢順，但家人決定不為她插喉或用呼吸機，因此她過身的一刻嘴巴是張着的。那一個畫面對教授來説很深刻，她憶述：「雖然外婆是自然去世，但看着她搶氣，不禁會想是否應給她氧氣，但這樣只是勉強延長她的壽命。面對這樣的兩難， 家人還是有着不少的心理負擔。」

在關鍵時刻決定不再搶救，對照顧者或親人來説都是很不容易的決定，照顧者經常在事後，甚至事隔多年仍會問那決定是否正確。如果遇上兄弟姊妹在決定上有不同意見，那麼對下決定的照顧者的心理壓力便更巨大。除了搶救與否，有些醫療決定亦要平衡病人意願和實際需要，例如病人吞咽困難，插胃喉是最普遍的做法，但過程極之辛

苦，而且稍有不慎可導致肺炎引起的併發症，因此不少病人都不願意插胃喉。但是，照顧者往往認為病人不能自行進食就必需要用胃喉餵食，否則就會餓死。這些都是照顧者無可避免要面對的難題。

護理院舍質素參差

「院舍的護理人員多是由中國大陸來的，他們的護理知識有限，而且對院友不太有同情心。院舍衛生情況亦欠佳，洗手間經常很髒，但我又不敢投訴，因為我媽還要她們照顧。」陳小姐因為要兼顧工作和自己的家庭，需要為母親安排入住院舍，但因為不放心，一有時間還是會到院舍照顧母親。

公營院舍因牀位長期不足，輪候時間非常久，私營院舍則普遍缺乏監管而缺乏質素保證，這已不是一朝一夕的事； 因此，很多病人即使入住了院舍，家屬還是會選擇親自照顧。

女性多承擔照顧者角色

「當我生病，病到不能下牀，我還是要勉強起牀照顧媽媽。我覺得很吃力，但我不能跟其他兄弟姊妹說，不能投訴。」鄭小姐沒有結婚，沒有家庭負擔，因此「理所當然」被看成照顧患病親人的最佳人選，而往往她們是「最不應」投訴的人。長久下來，照顧者不但因照顧病人而身心疲累，亦為這「不公平」的安排對其他家庭成員感到失望甚至憤怒。

總結

「死亡」是不受歡迎和避忌的敏感話題，卻是人生必經的自然階段。社會應更多討論善終服務，以及給照顧者提供更多支持和支援。除了政府醫療政策上的支援，雇主亦可為照顧者提供彈性上班時間等。一個人的生死影響的不只一個人，而是整個家庭和社

會。 同時 亦不是一刻的事，可能是長時期的影響。因此政府及社會亦應該更多探討如何
支援擔起照顧責任的家屬。

延伸閱讀

1. 〈通識導賞：死在家，可以嗎？ 重新審視臨終護理〉，明報，2016 年 7 月 10 日。
2. 〈關顧晚期病人、照顧者身心社靈〉，明報 JUMP，2019 年 3 月 29 日。
3. 《樂齡帥靚正》〈最後的安寧〉，香港電台電視 31，2018 年 7 月 7 日播出。
4. 〈Collaborate across silos: Perceived barriers to integration of care for the elderly from the perspectives of service providers〉. International Journal of Health Planning and Management 33(8). April 2018.

舉辦「生死教育專業同工培訓系列」，凝聚社區上有志推動生死教育的助人專業，加強同工在社區上推動生死教育的信心。（繪圖：伍桂麟）

紓緩治療與預設醫療指示

饒仕鋒醫生

瑪麗腫瘤科專科醫生

紓緩治療的起源、理念和發展

"To cure sometimes, to relieve often, to comfort always"。這句説話在醫學界裏流傳甚廣，表達了一個醫者除了要醫治病人，更需要時刻關愛病人。這是很多從事癌症及紓緩治療醫護人員的座右銘。身為腫瘤科醫生，每天都與正面對死亡威脅的病人相處。當中最艱難的工作之一，是讓病人對生存保持希望，同時又能勇敢面對無法避免的死亡。近年醫學技術不斷進步，不少過去被視為絕症的病如癌症、愛滋病等都成了可以控制，甚至治癒的病症。儘管如此，「生、老、病、死」始終是自然界定律，太多檢查及治療上選擇，很容易令醫護人員忘記自己關愛者的角色。

在英國，被喻為紓緩治療之母的桑德絲女爵（Dame Cicely Saunders）於 40 年代經歷過戀人患癌逝世，體會到臨終病人不但有來自肉體上的痛苦，還有心靈和情緒上的需要，於是提出了整體痛（Total Pain）的概念。

整體痛包括「身、心、社、靈」四方面：

（一）身疼痛苦：包括身體上的疼痛、氣喘、食慾不振等症狀

（二）心理痛苦：如害怕死亡、焦慮、憤怒、抑鬱等心理症狀

（三）社會痛苦：如經濟壓力、家庭問題等

（四）靈性痛苦：尋找人生的意義、追尋心靈的依歸等

這四種痛苦互相影響，對病人造成更大的痛苦。紓緩治療的目標就是針對這四種痛苦的根源去給予「全人關顧」（Total Care，又稱 Holistic Care）。 桑德絲女爵於 1967 年在倫敦創辦了世界第一間寧養院 St. Christopher's Hospice，專門照顧臨終病人，推動了紓緩治癒的迅速發展。

近年世界衛生組織及各國政府都紛紛提倡發展紓緩治療，逐漸由早期的「善終服務」發展為現今的「紓緩治療」，服務對象也由臨終病人擴大至其他有疼痛或其他症狀的癌症病人。近年更把紓緩治療引入晚期的腎病、呼吸系統病和心臟病的治療。有些研究更發現提早開始紓緩治療，與抗癌的治療同步進行，除了可以改善癌症病人的生活質素外，更可以延長病人的壽命。

一般紓緩治療團隊，除了醫生護士外，還有社工、物理治療師、職業治療師、營養師、臨牀心理學家、院牧等。團隊各人針對病人「身、心、社、靈」各方面的需要去提供協助與輔導，目標是能夠做到「去者善終，留者善別，能者善生」。

在心理學裏，晚期癌症病人面對死亡的過程可分為五個階段，分別是「否定期、憤怒期、討價還價期、抑鬱期、接受期」。紓緩治療團隊除了處理癌症的症狀，還要對處於不同心理階的病人和家屬去提供生死教育及輔導。

「二人三嚼」—— 應對死亡的策略

預備將來的生命結束，並不代表意志消極，反而可以幫助我們正視死亡，預早規劃日後的生活和照顧模式。如果病者及家屬希望共同回顧過去的生命點滴及規劃生前身後

事，大家可據「二『人』三『囑』」的架構，以平安感恩的心走過這段「善生之旅」。

二「人」

人生意義：發掘生命意義，肯定自我人生

人生回顧：整合生命歷程，完成心願等

三「囑」

預囑：訂立「預設照顧計劃」及「預設醫療指示」，讓病人減輕臨終時的痛苦，也避免要親人代為抉擇而產生糾紛、困擾和遺憾。

遺囑：這包括遺產處理、殯葬安排、器官捐贈等安排。

叮囑：與親人及朋友見面道別、傳授人生智慧、冰釋前嫌等。

預設照顧計劃及預設醫療指示

先進的現代醫療技術令性命危殆的病人能夠接受多種維持生命的治療，例如呼吸機、腎臟透析、甚至人工肺等。然而對某些不可逆轉的情況，例如末期癌症，這些維持生命的治療只能延長病人的死亡過程，卻會為病人帶來很大的創傷，可算是弊多於利。醫學界普遍認同在乎合病人的最佳利益和意願的情況下，可以不為病人提供甚至撤去無效用的治療。不過，要衡量病人的最佳利益，除了考慮醫療方面的因素，也要顧及病人的意願及價值觀，這些都需要跟病人及其家人討論。如果病人在情況危殆時失去表達自己意願的能力，病人家屬便需要背負跟醫療團隊商討的責任和壓力，有些時候甚至無法達致共識。

「預設照顧計劃」（Advanced Care Planning）是指在病人情況穩定並神智清醒時與

家人及醫護人員討論在臨終時照顧及醫療安排的過程。而「預設醫療指示」（Advance Directive）是一份根據個人意願而訂立的指示文件。文件內容主要是一旦指示人患上嚴重或末期致死的疾病時，他可在延續生命療法方面—例如心肺復甦法、呼吸機、喉管餵飼法、輸血等作出決定。文件一經簽妥，醫護人員便應根據內容的指示為病人作出治療。

不少國家已經為「預設醫療指示」立法。而香港在 2009 年曾就引入「預設醫療指示」發出諮詢文件，並建議向公眾提供更多關於「預設醫療指示」概念的資訊。醫院管理局於 2010 年 7 月制訂了預設醫療指示的指引及表格範本，並於 2012 年 8 月開始正式使用使用「預設醫療指示」的表格。

像立遺囑一樣，訂立「預設醫療指示」時，並不必一定需要由律師簽署，只需要兩名見證人，其中一人是註冊醫生見證作實便可。醫生在簽訂指示時，須證明立示人具有充分自決的能力。而醫生亦鼓勵家人陪同並參與討論，透過醫生跟立示人及其家人的詳細討論，提出有關生命完結前的醫療選擇，讓親屬理解指示人的意願，確保指示人的意願得到尊重，並減少家人對病人臨終照顧及醫療抉擇上的顧慮。

延伸閱讀

1. Cicely Saunders International, *Dame Cicely Saunders: A Brother's Story*
2. 醫院管理局，〈「預設照顧計劃」？「預設醫療指示」？ 不作「心肺復甦術」？ 病人、家屬知多些！〉
3. 謝俊仁醫生，〈「預設照顧計劃」及「預設醫療指示」在香港的概念與發展〉

現時全港公立醫院加起來不足 400 張紓緩治療病牀。

臨終關懷技巧與道別

吳宇峰先生
香港防癌會・賽馬會「攜手同行」癌症家庭支援計劃社工
香港寧養社會工作者學會創會會長
註冊催眠治療師
國家心理諮詢師

在香港，有許許多多的預備班。結婚前，有婚前預備班；生小孩前，有產前預備辦；小孩上幼稚園前，有學前預備辦和入學面試班。但是，唯獨生命的最後畢業禮——臨終與死亡，卻沒有預備班。所以，我們現在從寧養社會工作的角度，去窺看死亡的預備班——臨終關懷與告別。

生命回顧沒重點？一招看見病人的生命主題

陳先生，58歲，與太太和兒子同住。他已經計劃好明年退休，享受人生，卻被告知得了末期肝癌，大受打擊。某天，寧養社工宇峰前往醫院探訪陳生，並與陳生進行「繪畫生命線」的活動，與陳生回顧一生。

「繪畫生命線」活動是怎麼進行的呢？社工宇峰首先邀請陳先生，在畫紙靠左方畫一條直線，在畫紙中間畫一條指向右方的橫線，這條橫線代表的，就是從出生到現在。橫線上方是生命順境、開心、成功的事情，而橫線下方是生命低潮、困難、挫折的事情。然後在畫紙上點出生命中的重要事件，最後在點與點之間連成線。

社工宇峰邀請陳先生分享畫中的最高點與最低點，陳先生說生命最高的那個點，是他一生中最成功的事情，那就是他教曉了兒子游泳；而生命的最低點，則是被告知患了第四期癌症。

而「繪畫生命線」活動的特色，就是可以讓我們看見「低處」的同時，看見病人是「如何」從低處爬起來，我們來看看社工宇峰怎樣問：

「陳生，看見你的生命線，從最低點再次爬上來，可以告訴我背後發生了什麼事嗎？」

宇峰指着畫中那紅色的線。陳生說是因為有太太的照顧，自己才能夠堅持到現在，以及自己捨不得太太和兒子，他很希望能看見兒子成家立室。

社工宇峰邀請陳生分享生命的第二個最高點，陳生說癌症使他失去了工作能力，無法再擔當一家之主的他，感到很失落。後來，他到戒酒會當義工，因為他說一天喝 24 罐啤酒，喝出病來的自己，就是最好的反面教材。陳生拿出了當義工的照片，與宇峰分享着他當義工的感受和意義。

繪畫生命線的好處，就是可以促使病人，從一個比較完成、平衡的角度，看見自己的一生——一生中不免有高有低、有起有伏。

「繪畫生命線」活動與社工優勢觀點（Strength perspective）的價值觀互相呼應，因為我們深信，每一個人都有着他自身的能力和內在資源，去面對和超越困難。而繪畫生命線活動就是可以讓病人看見「低處」的同時，看見從低處「爬起來」的正向因素及生命意義。例如，陳生從失去功能的「父親的角色」，轉向「義工的角色」以回饋社會，活出意義。

傾聽臨終病人談論死亡，需要準備一樣東西

社工宇峰下班後，到醫院探陳生，看見他皺着臉，嘆着氣，就問他發生了什麼事情。陳生説他很害怕死亡，想跟太太講的時候，太太不讓他説，着他不要講這些不吉利、消極、負面的事情，相反要他開心一點、多想一些正面的事情、要積極的一點。

這個時候，如果病重的家人，跟你説他害怕死亡，你會怎麼回應呢？我們可以試着這樣回應：

「陳生，關於死亡，你最害怕的，是那些地方？」

陳生説其實他每晚都睡不好，最擔心是死的時候，會很掙扎、很辛苦。因為社工宇峰熟悉陳生的性格，就故意打趣的説那是電視劇才會發生的，紓緩治療是一個很棒的團隊，醫生和護士會照顧着他，在生命的最後階段，醫生會因應病人的情況而調教藥物，而大部分的病人，都能像睡夢中離去的。陳生聽見後鬆了一口氣。

當我們在一個極度焦慮、恐懼的狀態下，如果身邊有一個人，能與你同在於當下，不否定你的感覺、不批判你的想法，而是純然的去傾聽、去接納你的所有感受，這該有多好呢？

當病人想談論死亡，我們最常聽見的回應是：「不要講這麼不吉利的説話，不要去想這些負面、消極的事，你要開心一點、積極一點，多想一些開心的事情才對！」其實，這是在否定臨終病人的感覺。我們要問的是，到底是誰未準備好談論死亡呢？當我們和病人都準備好了，我們就可以問「對於死亡，你最擔心／害怕／驚的是什麼？」很多病人都不是期望你能「消滅」他們的恐懼，而只是想有人能聽自己説、有人能明白自己，和盛載自己的感受。

傾聽死亡需要準備一樣東西？那個東西，就是我們自己。

談「生前規劃」和「預設醫療指示」的兩件法寶和一個反問

某天，陳生跟社工宇峰說，醫生曾問他和太太，當病情到了無法逆轉的時候，是否要做無效用的急救。陳生他表示不太清楚，也不知道怎麼跟太太開口說。

社工宇峰從背包拿出了平板電腦，邀請陳生看一部叫《吾可預計》的微電影，電影講述一對子女，為了是否讓昏迷的母親，做急救的決定，而爭吵起來。看畢電影後，社工宇峰就訪問陳生的想法，陳生發現原來病人自己做這個決定很重要，一來可以減低家人的壓力和爭拗，二來可以讓家人完成自己的心願。他表示如果醫生說沒救了，為什麼還要承受這不必要的痛苦呢？自自然然、舒舒服服地走，才是好走。

台灣安寧療護許禮安醫師曾說，在醫院中最痛苦的並不是死亡，而是生不如死。在臨終場域作臨牀工作的我們，盡見子女以孝順為理由，要求醫生為父母插鼻胃管，盡管父母已經四肢癱瘓、無法言語表達、卻還有意識！這些可憐的父母，每天只可以在病牀上遺便和遺尿，然後等待護理院來為自己換尿片，這個時候，我們會問一句：「這到底是延長父母的生命，還是延長父母的死亡、延長父母的痛苦？」

社工宇峰收起了平板電腦，又從背包中拿出一個東西來——是香港大學出版的《囑福生命手冊》，這手冊除了可以紀錄剛才提及的臨終照顧計劃，更可以選擇和填寫身後事的心願，例如喪禮儀式和安葬方式等。陳生接過手冊，翻到安葬方式的那一頁，說要選擇花園葬，因為他最喜歡大自然！

「陳生你喜歡就好，不過也要讓太太和兒子知道啊！」陳生舉起了《手冊》，笑着說有一書在手，跟她們談起來，就方便多了。

預設醫療指示及身後事的安排，最好是由誰來決定？不是配偶、也不是子女，而是病人本身。病人自己做決定，當中有兩份愛，第一份是對家人的愛，因為能夠減低家人的壓力、避免家庭的爭拗。第二份是對病人自己的愛，因為病人知道自己的心願將會被完成而安心。

人死了後，原來可以留下這麼重要的東西

隔天中午，社工宇峰帶了一些西餅，到醫院探訪陳生，並訪問他生命中的第一份工作是什麼，陳生說是做維修電器的。然後社工宇峰問他離職的時候，有沒有派散水餅，陳生說有，但沒有社工宇峰帶來的好吃，二人笑得差一點把嘴裏蛋糕都噴出來。社工宇峰接着問：

「呵！那我問你啊，如果要派一份人生的散水餅，留下一份禮物給心愛的人，你最想留下什麼？」

陳生，放下了西餅，他表示有一句說話，想拜託社工宇峰在他離開後，交給太太和兒子，並邀請社工宇峰替他寫下來。社工宇峰從背包拿出了紙和筆，然後陳生說：

「如果我可以留下一句說話給家人，我會說：最簡單，三個字，我愛你！」

很多人都會覺得，人死了就什麼都沒有。才不是呢！陳生留給家人的，是一份永遠的愛。

寧養社會工作者面對的往往就是死亡，我們有一個覺悟，就是寧養社會工作並不是去「修理好」（Fix）任何問題，而是放下自身，讓自己成為病人與家人之間的橋樑，除了在人世間搭關係之橋，更需要有一種更廣、更遠、更深的視野，那就是在靈性的空間搭橋，就如同社工宇峰「建構」一個讓陳生「留下愛」的空間，一方面減低陳生的死亡焦慮（存在心理治療師歐文亞隆提出「漣漪效應」，當病人知道自己的好事情，能夠在死後流傳下去，往往能減低死亡的焦慮），另一方面其實是為家人日後的哀傷調息「鋪路」。

如何讓臨終病人不帶遺憾地離開？

陳生的病情急轉直下。社工宇峰問陳生還有什麼掛心，陳生說：「我最掛心的是兒子，其實我有一個心願，就是看見兒子成家立室。」

社工宇峰便請教陳太和兒子的意見。兒子和他的女朋友，都願意為陳生奉上一杯新人茶，雖然不是正式的儀式，但他們希望能完成他的最後心願，沒有遺憾地離開。

隔天，社工宇峰準備了中式婚禮用的跪墊、茶具，並邀請了一位大姊姐義工來幫忙。陳生喝了一口新抱茶，留下熱淚來，也同時流進了我們的心坎裏。

研究顯示，當臨終者的心願能被完成時，對在生者來說，同樣是一份極大的安慰。

彌留之際轉化為靈性時刻的四部曲

隔天，陳生已進入彌留狀態。兒子正在用暖毛巾，為陳生洗臉，而陳太哭着說丈夫快要死了，不知道要怎麼辦。

社工宇峰跟陳太說，醫學相信人的耳朵功能走最後，雖然陳生現在無法作出回應，但他仍能聽得見的，所以請把握這個機會，跟陳生說出心裏仍未說的話。

兒子聽見後，放下了手上的毛巾，他有很多說話想跟陳生說，但那一刻他不知道要說些什麼。社工宇峰請他握着陳生的手，在他耳邊輕輕地說，說一個你最欣賞爸爸的地方。兒子說他最欣賞陳生樂於助人，幫助街坊維修電器，他永遠都不會托手踭的，所以街坊都喜歡稱呼他做陳師傅。

然後社工宇峰邀請兒子和陳太把「寧養四部曲」其餘的三部曲，與陳生分享：

* 接下來跟爸爸分享，你與他之間，最深刻的一件事；

- 而一段深刻的關係，始終免不了出現一些摩擦，可以把握這個時間，説對不起或原諒；

- 然後，跟爸爸説出，你感謝他的説話。最後，説你愛他，會永遠記得他。

兒子和陳太説畢，陳生的呼吸也慢慢的、慢慢的緩下來，就像睡着了一樣，離開了人世。以愛道別，就是我們送給臨終者的，最後的一份禮物、最後的一份愛。

寧養四部曲

（一）分享一個你與彌留者之間最深刻的一件事

（二）跟彌留者分享你最欣賞他的地方，例如為人處事、性格特質

（三）道歉或原諒，把握機會修和彼此的關係

（四）表達感謝，允許彌留者離開，承諾好好活着，並永遠記得對方

最美麗的遺囑

陳生的喪禮當日，社工宇峰來到了一間木製品的精品店，選了一塊藝術木板，並請店舖老闆，借他電子焊筆，在木板上，寫上了陳生留給家人的説話。在喪禮儀式開始之前，宇峰從背包裏，拿出了這個親手製作的木製品，送到陳太的手中。

「在陳生離開的前一天，他有一個很重要的信息，託付我在他離開後，交給你和兒子的」。陳太看着，流下淚來。

世界上最美遺囑，並不是用筆和紙，而是用愛去寫。

物質遺產的分配很重要，卻永遠比不上，留下安撫心靈的瑰寶。

臨終關懷與道別的八大重點

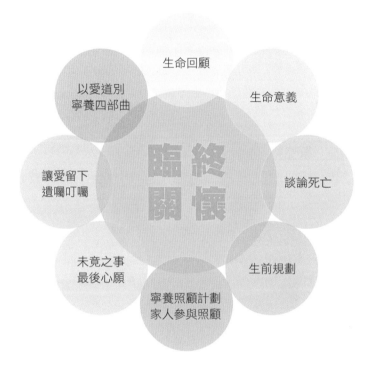

生命回顧

生命意義

以愛道別
寧養四部曲

談論死亡

臨終關懷

讓愛留下
遺囑叮囑

生前規劃

未竟之事
最後心願

寧養照顧計劃
家人參與照顧

參考資料

1. 香港大學行為健康教研中心，《囑福生命手冊》
2. 賽馬會安寧頌 微電影《吾可預計》
3. 香港防癌會——「心願計劃」
4. 基督為本基金——完成臨終病人的最後心願
5. 香港寧養社會工作者學會
   Facebook：https://www.facebook.com/HKHSWS/
   IG：https://www.instagram.com/hkhsws/
   Webpage：https://hkhsws.com/

繪畫生命線

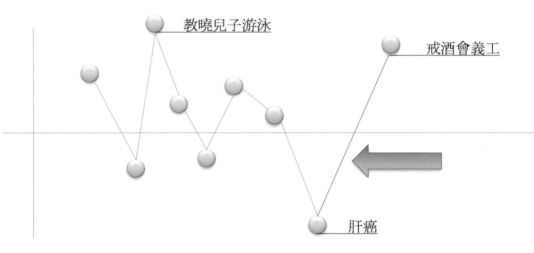

教曉兒子游泳

戒酒會義工

肝癌

黃宗顯醫生

精神科專科醫生
家翔兆康
香港電台《精靈豆章》客座嘉賓

　　每位喪親者在失去親人後，都會經歷一段時間的適應期，稱為哀傷期。這段適應期的長短，以及過程中的經歷，因人而異。

　　一位瑞士籍和美籍精神科醫生伊莉莎白庫伯勒 - 羅絲（Elisabeth Kübler-Ross）在她1968 年出版的《論死亡與臨終》（On Death and Dying）一書中，描述了人面對哀傷過程中的五個階段。

「哀傷的五個階段」（Five Stages of Grief）

　　一、否認（Denial）：這是最早可能出現的反應，喪親者認為診斷出現錯誤，死亡並非事實。

　　二、憤怒（Anger）： 喪親者明白否認機制不能持續，出現失落的情緒，又會問「為什麼發生在我身上」、「誰需要負起責任？」，又會認為「事情很不公平」。

　　三、討價還價（Bargaining）：有些人期望能夠避免喪親的結果，內心跟信仰的神討

價還價。

四、抑鬱（Depression）：喪親者進入情緒低落的狀態，甚至出現想跟離世者一同死亡的想法，會想：「活下去不再有意義，我也希望離開」。

五、接受（Acceptance）：這是哀傷過程的最後階段，喪親者接受身邊人的離世，接受不能改變的事實。「既然事情無法改變，我只好接受現實」。

根據庫伯勒 - 麗絲模型，喪親者未必需要經歷所有五個階段，經歷的階段也未必跟着次序，他們也可能只經歷其中幾個階段。

喪親後哀傷情緒持續的時間，因人而異，一般來說，大部分人的哀傷時間少於六個月，假如哀傷過程持續超過六個月，這情況名為持續複雜性哀傷障礙（Persistent Complex Bereavement Disorder）。出現持續複雜性哀傷障礙的人，會有持續的情緒不穩而難以調節的狀態，也會有非適應性的想法和行為，也可有社交退縮，甚至萌生自殺念頭。假如這種障礙持續和未能解決，會對生活不同方面構成明顯的影響。出現這些情形的喪親者，應該盡快尋求專業人士的評估和協助。

面對一般的哀傷過程，時間和身邊人的陪伴及支持，是最適當的良藥。面對持續複雜性哀傷障礙，可能需要進一步的心理治療，甚至藥物治療。

有一些因素，可能阻礙有持續複雜性哀傷障礙的人尋求專業人士協助。首先，這些喪親者未能辨識問題的嚴重性，跟一般哀傷比較，更深而且更長，以致未能認清盡快求助以減低對生活影響的迫切性。另外，他們可能因為抑鬱情緒嚴重，活動能力大幅下降，也有社交退縮的情況，因此缺乏動力出外求助。再者，有些人不知道求助途徑，這也是一個重大障礙。他們可向相關社工，臨牀心理學家或精神科醫生求助。要減少以上求助的障礙，喪親者身邊家人和朋友的支持十分重要，他們可緊密監察喪親者的精神狀態，留意可能出現的危機，為喪親者尋找合適的求助途徑，勸告他們及早求助。

哀傷輔導（Grief Counselling）是一種心理治療，能夠幫助喪親者在不同方面的需要，例如情緒、生活、靈性等方面的改變。哀傷輔導包括讓喪親者有足夠的空間和時間，表達喪親後的情緒，這些情緒包括抑鬱、焦慮、憤怒、內疚、孤獨、混亂或麻木等，喪親者可能之前過度抑制自己的情緒，沒有疏導的空間渠道，使不同的情感反應無法得到表達和抒發。

一些喪親者會因為突然的轉變，令他們感到混亂、無力和無助，在哀傷輔導中喪親者可討論喪親後需要處理的問題和預計可出現的挑戰，以及處理的方法。輔導的最終目的是讓哀傷過程順利過渡，以至整體狀態回復從前狀態。

有時候，哀傷輔導不只是安排給喪親者，一些預計身邊的人和朋友將會死亡，例如身邊人患上無法接受治療以達到痊癒的疾病，當事人無法面對，以至預先想到很多有關死亡的情境，提早經歷哀傷過程（Anticipatory Grief）。

哀傷輔導員會帶領出現哀傷反應的人，由受很多情緒影響的狀態，從混亂的思緒走出來，重整思緒，然後協助適應改變後的新生活，重新為自己的生活找個平衡狀態，再檢討自己的生活價值和目的，擁抱生命中正面和負面的事情，從之前的失去、負面和悲觀的生活態度，轉化成一股新的態度，為人生再次注入活力和希望。

假如喪親者有持續複雜性哀傷障礙，需要接受複雜性哀傷治療（Complicated Grief Therapy）。這是一種心理治療，這種治療包括認知行為治療（Cognitive Behavioural Therapy）和人際取向心理治療（Interpersonal Psychotherapy）中的元素，主要針對喪親者過度或持續的精神心理症狀，讓這些症狀不會阻礙情緒和生活上的康復。認知行為治療的技巧針對處理跟失去有關的過程、侵入性的痛苦記憶和逃避行為。人際取向心理治療主要用來協助喪親者重新恢復社交關係網絡和連接個人生命中的價值和目標。

精神科醫生伊莉莎白庫伯勒．羅絲（Elisabeth Kübler-Ross）。（繪圖：伍桂麟）

特殊需要人士的哀慟

黃宗顯醫生
精神科專科醫生
專欄作家
香港電台《講東講西》客席主持

　　社會上有一些特殊需要人士，包括智障（Intellectual Disabilities）人士和自閉症譜系（Autism Spectrum Disorder）人士，他們自出生以來已有發展方面的障礙，令他們的認知能力、語言發展和表達能力出現缺損，跟正常發展的人有所不同。一般來說，大眾市民未必能夠深入了解智障人士和自閉症譜系人士的特徵，因此未能跟他們進行有效的溝通，以致未能完全了解他們的想法、感受和行為，甚至對這些有特殊需要人士產生誤解。其中一個誤解，就是當他們喪親時，外在的情感表達和行為表現跟一般人有所不同時，有些人便會誤以為喪親這件事，對智障人士和自閉症譜系人士沒有產生顯著的影響，事實上這種想法是錯誤的。

　　智障人士可有不同程度的智能缺損，一般可分為輕度、中度、嚴重和重度。自閉症譜系人士的語言能力和認知能力，也有不同程度之分。無論這些有特殊需要人士的能力怎樣，在他們的生活中也會跟家人和朋友建立關係，當他們要與家人和朋友分離時，一定會有情緒上的反應，只是表達模式可能跟一般人有所分別。

　　有表達能力的人，在喪親後會出現一系列的情緒反應；缺乏表達能力的人，也會有情緒反應，例如悲傷、憤怒、焦慮、行為問題與過分激動、疲憊乏力等。有時候，特殊

需要人士的哀傷反應跟一般人可能有所不同，甚至不太明顯，需要身邊人特別是一些熟悉他們的人細心觀察才能察覺，不然這些特殊需要人士的哀傷需要便會容易被忽略。

因此，特殊需要人士於喪親後，身邊人需要留意他們的睡眠模式、飲食習慣、工作能力、社交活動、身體狀態和性格各方面，有沒有出現不尋常的改變。這些改變可能是哀傷反應的蛛絲馬迹。

有特殊需要人士面對喪親時，他們面對的不只是失去一位親人，同時也需要面對「二次失去」（Secondary Loss），就是離世親人為他們建立了的生活模式。沒有特殊需要人士有能力將「二次失去」的事情調整和復原，但有特殊需要人士可能沒有這方面的能力。例如離世者一直以來於經濟上支持有特殊需要人士。當他離世後，特殊需要人士未能獨立生活，甚至頓失經濟支援，因此對生活構成嚴重的影響。有認知能力的輕度智障人士，甚至會認為自己是家庭的負擔，又會擔心有沒有其他家人願意照顧自己。因此，面對這個「二次失去」的問題，有特殊需要人士在喪親後需要更大程度的家庭和生活支援。

因為特殊需要人士普遍有溝通障礙，當他們喪親後，有些人誤以為跟他們談及死亡事情便會觸動他們的神經，甚至令他們更容易出現情緒和行為問題。事實上，他們需要情緒上和資訊上的溝通，而這些溝通需因應他們的智能水平、理解程度和表達能力而調節。

喪親的感覺不是以智能水平或認知能力來量度的，特殊需要人士在喪親後有他們的感受，這些感受需要足夠的時間和深入的溝通，才能得到較多了解。

以下是一些特殊需要人士如智障人士和自閉症譜系人士在喪親後的哀傷過程之照顧者建議。

首先，照顧者需要對特殊需要人士坦白誠實，讓特殊需要人士能夠被包括於喪親後

的安排，令他們可有機會選擇會否參與喪禮或有關悼念儀式。假如喪親者沒有能力了解或作出選擇，照顧者可因應喪親者的狀況，讓他們盡量參與。

照顧者需要在特殊需要人士喪親後，積極聆聽和了解他們的想法和心情，因為特殊需要人士可能需要較長時間去了解死亡事件的永久性，以致有機會出現延遲的哀傷反應，所以聆聽和支援可能需要持續較長時間。

假如特殊需要人十缺乏語言上或文字上的表達能力，未能從有限的溝通方法巾得到喪親後的慰藉，照顧者可考慮使用一些非言語的溝通方法，例如運用圖畫卡或以喪親為主題的圖畫書，作為溝通和解釋的取代方法。

在喪親的早期階段，照顧者可以讓特殊需要人士避免接觸一些跟去世者有關的私人物件或紀念品。但是，隨着時間過去，照顧者應該讓特殊需要人士接觸這些有關物件，這是過渡哀傷的一個重要階段。

照顧者需要留意特殊需要人士有沒有在喪親後出現尋找行為，例如離家出走到不同地方尋找去世的親人，或開始儲存去世親人的個人物品等。假如出現這些尋找行為，照顧者應該多加留意和提供協助，例如帶喪親者到親人墓地拜祭。

在一些重要日子，例如去世者的生日、死忌、周年紀念日、有特別意思的節日等，照顧者可以特別留意喪親者有沒有出現不尋常的心理和行為情況，然後提供協助。因為這些日子可能令特殊需要人士想起離世的親人，以致出現心理行為上的改變。

喪親事件已經是特殊需要人士的一件重大生活事件和改變，在喪親後，照顧者應該盡量避免讓喪親者在生活上出現其他重大改變。最好的處理方法是讓他們在原有的生活環境中，逐漸渡過哀傷的過程。

在這個階段，照顧者應該避免為特殊需要人士安排專業性的評估，以為他們準備將

來有需要的合適服務。因為在哀傷階段，特殊需要人士可能會出現不尋常的心理和行為表現，直接影響評估的結果。

假如特殊需要人士的行為反應異常，如出現自傷行為、暴力行為、離家出走、喪失自我照顧能力等，或行為問題持續太長時間，應該盡快安排專業人士的介入和協助。

延伸閱讀

1. 《生命之旅──智障人士生命教育》

兒童的悲傷輔導

李秀英小姐

註冊社工
註冊遊戲治療師督導

顧名思義是兒童透過輔導去整理因經歷喪親事件而引發的情緒困擾、行為表現改變及生活適應困難等。

那麼，兒童哀傷的對象就只有兒童嗎？當然不是，兒童身處於家庭之中，除了他面對生離死別的痛苦外，他的家人／照顧者亦是。所以兒童哀傷輔導的對象除了兒童本身，他的家人／照顧者也是主要的對象。人與人之間的相處，信念、態度及情感每時每刻都在互相感染，成人和兒童之間因家中發生重大事件的互動交流也在彼此影響。

這樣，又是否每個兒童／家庭遭遇喪親事件便需要接受輔導呢？答案當然也是「不是」。我們要知道面對失喪，大部分人也會感到傷心難過，一時間難以接受，有着被拋棄，空虛失落與記掛的混雜感覺，全部也是人之常情。一般需要輔導的喪親者會傷心過度（嚎哭數小時，或情感抑壓變得麻木），既不相信又不承認死亡事件，將那被拋棄的感覺轉為敵意使自己無法與自己及他人親密，漸漸失去與人和世界的連繫。

所以哀傷輔導的目標就是協助兒童及家庭完善過渡哀傷。而它的指標是讓喪親者確認死亡事件、令情感變得自由流動、思考生死和尋找意義。然而，因着兒童的心智發展

階段各有不同，我們所做的主要是疏導情緒、回應他們因死亡而產生的各種疑問、陪伴他們面對生活改變，以及確定自我身分的價值與重要性。至於理解生死和尋覓意義的部分，則可暫時放下。為着兒童的家庭，便是增加生活的穩定性，讓不同的家庭角色持續發揮功能，好讓兒童及照顧者有更多的時間及空間作出調整。

既然如此，筆者認為兒童哀傷輔導與一般的兒童輔導最大分別是為減少孩子的焦慮不安。輔導員會較多直接回應兒童的疑問，提供不同的參考，再引導他們探索屬於他們的良好答案，也會較多處理他們的創傷回憶或片段。同時，協助他們與逝去親人保持精神的連繫，讓所擁有的愛繼續陪伴兒童成長。

在一般情況下，兒童（包括青少年）家中有親人去世，照顧者也會因着自身的情緒未能平伏而難以回應孩子有關死亡事件發出的疑問。兒童渴望有人可以和他分享分擔，不用憑空想像那沒有去向的答案，這樣便可增加他們的勇氣和力量迎接將來的挑戰。記得有位八歲的孩子嬲怒上帝把他死去的哥哥困在天堂，不讓他們團聚。孩子不喜歡上帝，氣祂為何隔開他和家人，也擔心哥哥在天堂的遭遇。筆者和他一起尋索不同的資料，談及有關靈魂在天堂會做的事，再讓他發揮想像去估計哥哥現時在天堂的生活，將平安安置在孩子的心，卻沒有談及上帝是否殘忍的問題。雖然有些問題沒有即時的答案，但相信兒童在每個成長階段中會有不同的啟示，將來回望便會知曉所以。

在經歷死亡的過程中，兒童有可能看到骨瘦嶙峋的病容、面色改變的遺體、意外發生的場境等。很多時候孩子也會對醫院及喪禮的場境產生抗拒，在遊戲治療的過程中，容許孩子對醫院或殯儀館作出攻擊，表示不滿以驅走不安。筆者曾經幫助一位發現屍體的孩子透過泥膠創作將驚嚇畫面外化，再將泥膠重新整合及保存，他的自傷行為便逐漸消失。

另外，讓孩子訴說對逝者的懷念是輔導過程重要的一環。當中包括為他們確認失落、記錄珍貴的回憶、肯定彼此關係不變、以及強調死者對孩子的愛會一直延續。每位孩子的記錄方式可以各有不同，例如繪畫、製作記念冊或回憶寶盒、重遊舊地、寫信

件、收藏相關的記念品等等。在過去的日子裏，在幫助和聆聽孩子與逝去親人的生活點滴時，我學會更用心去細聽生活細節，用心眼去看他和親人間傳遞的「愛」，並發掘「愛」的特質：捨己、珍惜、陪伴、關懷、包容等。這樣，才能使孩子更深感受逝去親人給予的「愛」，體會無論歲月流逝，愛意也不退色的真諦。

接着，與兒童的照顧者好好交流孩子在輔導過程中的變化，讓照顧者放下部分重擔，讓他們的視線有機會從兒童身上轉回關注自身的心靈需要，這才能有效去穩固整個家庭完善地過渡哀傷。靜心等候，相信不論兒童或其家長／照顧者都各有自己的步伐，不勉強，不催迫，只需在旁默默支援。當適當的時機來到，家長／照顧者自然也會願意踏出一步面對當下的自己，改變就發生了。就像最近收到兩位家長的信息，他們都先感謝我過去幫助他們的孩子重拾笑容，同時表示現在自己想尋求幫助，使自己和孩子也可以開展人生的新一頁。

延伸閱讀

1.　雪柔・桑德伯格、亞當・格蘭特：《擁抱 B 選項》，台灣：天下雜誌，2017。

2.　Joan Chittister：The Gift of Years，BlueBridge，2008。

3.　Alan D. Wolfelt：《見證幽谷之路：悲傷輔導助人者的心靈手冊》，台灣：心理出版社，2012。

筆者在「親子繪本共讀體驗」的工作坊中講解兒童哀傷處理資訊。

遺物處理與心靈重建

饒文傑先生

資深精神科外展社工
網上電台主持
話劇監製及微電影編導
流行小說作家

作家村上春樹形容，「遺物是曾和亡者一起行動的影子」。

摯愛的人離去，留下的不只是物品，還是這個人一輩子的生活軌迹。每當家屬整理摯愛的遺物，都像是回顧對方的生命歷程。物品，不再只是單純的物，而是紀念與羈絆。

遺物之所以難以處理，關鍵在於人對往生者用過的物品有強烈的情感依附。看着每一件物品，都像在提醒我們：「物品依舊，但你愛的人已經不在」。

記得曾有一位個案，父母於一年內先後離世，他多年來始終不願捨棄他們的物品，包括父親留下的大量小說、母親的衣物等，家中的物品愈積愈多，整個房子充斥着巨大壓迫感，令人喘不過氣。的確，這些物品已成了他唯一能與父母連結的方法，然而，每天面對這些物品，他則繼續陷於哀傷的漩渦中，久久仍未能走出來。

物品只是人生活過的軌迹而已，重要的是你和往生者的情感聯繫，而不是這些物品，因為一切寶貴的回憶與感情，早已放在心中。而且，保留他生前用過的物品，並不

見得是往生者真正的願望。他們冀望的，可能剛好相反，我們能從物件中走出來，找回屬於一個愛自己的空間。

當然，説易行難，面對親人的遺物，我們又可以怎樣處理？以下是一些小小的建議：

（一）先照顧好自己的情緒

面對親人離世，作為家人，我們的思緒感到一片混亂。人與人的關係往往是充滿矛盾，難以言喻，我們會感到無助、孤單、哀傷、憤怒⋯⋯在共處過的空間整理親人遺物，很容易觸境傷情，所以先不要強逼自己急於處理好親人的遺物，給予自己一點的空間，與自己的情緒好好共存。

（二）先處理無關痛癢的日用品

剛開始整理往生者的房子，難免千頭萬緒，無從下手，故建議先處理一些容易處理及較離身的物品。有些物品，頃刻我們便能捨棄的，例如一些雜誌、醫療用品、完全損毀的物品，包括底部脫落的鞋子、塌陷的櫃子、冰箱裏壞掉的食物等，將這些物品通通送進大垃圾袋中。

一個人處理遺物的時候，少不免傷心難過，在決定開始整理的時候，一定要在電話中找出能即時現身，借肩膀、耳朵給你的好友，也請謹記你也應該借出肩膀予你的好友。

（三）為自己定下一個檢視物品的期限

面對親人留下的物品，當中有一些總是覺得應該要將之棄掉，但轉念又會覺得可惜，不知怎地總是下不了手，內心產生極大矛盾、掙扎。我們建議先不要急於棄掉，處理遺物和山下英子所提倡的斷捨離有所不同，不能只以是否適合、是否需要及是否舒服

這三大准則為檢視標準，畢竟，這些物品夾雜着千絲萬縷的感情與回憶。故此，建議可以將這些物品按種類放入不同的收納箱中，並給予一個檢視期限，筆者建議可於一年後再拿出來檢視一番，若認為部分遺物沒用就丟掉，值得留低的那就一年後再作檢視整理，如此類推。

每個人處理亡者遺物的節奏都有所不同，只要當事人才能決定哪些是一定要留下來的紀念品。這是當事者的功課，而不是其他人。作為他們的朋友或親人，緊記尊重及不批評為原則。

（四）遺物轉化

對於一些珍而重之的物品，固然要找一個安全的地方擺放好，通常這一類都是充滿回憶及值得紀念的物品，例如照片、周年禮物等。

近代有哀悼理論提倡持續性相連感（Continuing Bond），指透過物件與逝者保持相連感，旨在讓生者重新定義與逝者的關係，使其精神及信念在他們心裏延續，解除鬱結，獲得繼續生活的力量。

故近年興起一個新的概念——「遺物轉化」，即透過撕破勾起傷痛的遺物過程，具體呈現負面情緒，抒發情感；並將遺物重織成新物件，例如咕𠱸、相架、攬枕等，亦可將物件與逝者相連，有延續逝者精神的意義，助喪親者減低痛苦，向新生活邁進。

心靈重建

每個人要面對、接受及適應親人離世的時間均不盡相同，因為每個人都是獨特的，有各自的想法，與離世者的感情深淺亦各有不同。作為身邊人，要懂得尊重他們的同時，緊記陪伴同行。關心、開解別人不一定透過言語，除了聆聽他們的內心世界，可從一些簡單的日常生活入手，即衣、食、住、行。陪他們喝一杯咖啡、去公園走走，投其所好。這些方法看似簡單，卻是十分有用，因為可令他們感覺到身邊仍有人在默默地支

持自己。

　　哀傷並非以直線的方式消逝，因為，喪親者心中都有兩股力量：一是想要復原的力量，另外是想要哀悼的力量。每一個人都要在這兩股力量中多次搖擺、來回掙扎，逐漸調適自己，才能找到一個和外界連結的相處之道。能夠面對哀傷，復原的可能性才會更大。

　　如果你是當事人，記得勿強迫自己放下，讓自己悲傷、讓自己釋放情緒，找一些懂得聆聽的朋友支持自己，選擇做一些自己感覺舒服的事情，可能是前往一趟短途的旅行，亦可以是看一齣戲，做美容、按摩……每個人喜好不同，最重要是從自己的內心出發。

　　人生總有很多不捨，情人分手如是，親人離開亦然。但若是真心真意，那份真摯的感情還是會永遠保留在心中。

延伸閱讀

1. 金璽別著，蕭素菁譯：《離開後留下的東西：遺物整理師從逝者背影領悟到的生命意義》，2016。
2. 吉田太一：《遺物整理人看見的》，2010。
3. 特掃隊長著，莊雅琇譯：《那些死亡教我如何活：一位清掃死亡現場者20年的生死思索》，2016。
4. 「賽馬會社工創新力量：心靈大掃除」Facebook 專頁

近年坊間有團體舉辦不同形式的「遺物轉化」工作坊。

生死工作的自我調適

梁梓敦先生
註冊社工
死亡學院士
DEAtHFEST 創辦人
香港生死學協會副會長

2007 年社工畢業後，我的第一份工作便從事臨終關懷、哀傷輔導及生死教育。當時我才二十多歲，從來沒有經歷過親人去世，但每天的工作就是一直接面對死亡。多年來，我曾接觸和幫助過至少 700 個喪親家庭及臨終病人，工作場所除了辦公室，便是臨終病房、殮房、殯儀館、火葬場、墳場等地方。服務對象中有嬰兒、兒童、青少年、成年人及長者。他們死亡的原因包括長期病患、急性疾病、意外、自殺及被殺。當中有一些個案的經歷確實令我感到十分難過，那種悽慘的遭遇比起很多悲慘的電影還要令人痛心。

縱使我是一位專業社工，有時當我聆聽或陪伴案主後，自己的情緒亦難免會受到波動，甚至試過因聽到案主的傷心故事而流淚。或者有人認為社工都會因案主的經歷而流淚是不夠專業的表現，但我反而認為作為一個人，實在做不到面對一些人的悲慘遭遇仍然鐵石心腸。所以，我不會選擇收起自己的情緒，相反會主動整理及檢視自己的感受，特別是一些負面的情緒，更加要即時處理，因為負面情緒的積聚只會令我倍覺乏力，最終離開我的工作崗位。因此，自我照顧實在是每位助人工作者都必須要學習的一課。

作為一位基督徒，我曾陪伴一對基督徒父母去公眾殮房認領遺體，因為他們的女兒

剛因交通意外而去世。在那天晚上，我在禱告中不斷質問和懷疑上帝，為什麼要讓這個家庭成員之間開心地共處了十多年後，突然用這麼殘忍的方式帶走這個年輕的生命，令家人面對這麼大的傷痛，如果神是愛世人的話，那麼祂的愛究竟在哪裏？雖然我的工作經常都要面對着衝擊自己生命觀及價值觀的事，但我並沒有因此而選擇放棄這份工作，亦沒有變得對生命抱持悲觀和埋怨。反而我對此工作仍然充滿熱誠，直到今天我都仍然有很多服務計劃想去實踐，同時相信生死工作會成為我的終生事業。

究竟我有什麼方法去調適自己的心情，放下因工作累積的負面情緒，以及幫助自己重新充電去繼續前行？以下我有五項心得與大家分享。

（一）時刻都要準備面對服務對象的死亡

坦白説，所有使用臨終服務的案主都只有一個結局，就是死亡。每次當去探訪我的病人時，我都會有心理準備或許今次就是我們的最後一次見面。所以，我每次都會提醒自己要在探訪時將想講的説話講盡，將想做的事做盡，不要令自己留下遺憾。

（二）承認面對死亡時的無能為力，原諒自己

多年前我曾認識一位患上末期癌症的年輕父親，傾談過程中了解對方希望為自己的孩子辦一場難忘的生日會，作為給孩子最後的祝福。當時我們已決定好生日會的所有內容，而日期就訂在三星期後。但是，數天後我收到消息，是他突然過世了。當時我的心情都非常低落，而且有一種很強烈的遺憾感覺，就是不能協助他完成最後的心願。自此之後，我更深刻體會到自己是毫無能力去控制生死，與其每天埋怨自己無能，我選擇盡力而為，不會迫得自己太緊。同時，會原諒自己做得不足的地方，並提醒自己下次盡量不要再重犯相同的錯。

（三）尋求及接受別人的幫助

每當我探訪完一個令我非常難過的個案後，我必定會找同事分享自己的感受，因為

透過分享可協助疏導自己的負面情緒，讓我重新獲得力量去繼續工作。助人者很多時都會有一個毛病，就是願意為其他人提供協助，但往往不願意接受其他人的幫忙。這是一個非常危險的習性，因為我們其實都只是一個普通人，沒可能無限接收別人的負面及悲傷的情緒而不需要釋放出來。信任身邊的同伴往往會令我們的路走得更遠更久。

（四）維持每天減壓的習慣

每天下班後，尤其是完成了一天的輔導工作，我都會用自己喜歡的方式幫自己減壓。對我來說，最有效的減壓方法是玩電視遊戲或看漫畫書，所以我每天都會給自己大約半小時至一小時的放鬆時間。我建議每一位助人者都要有自己的減壓方法，不論是做運動、聽音樂、看電影或吃東西，那個方法只要對自己有效便可以了。

（五）有淨化自己心靈的方法

從事有關死亡的工作，是很容易會令自己的心產生不平安。這份感覺可以是由於死亡事件的發生太過突然或震撼，又或死者家屬的遭遇過於悲慘和不幸。我曾認識一位年輕母親，她原本與新婚丈夫即將要迎接第一位孩子的出生，兩人歡天喜地為未來的生活做了很多憧憬和計劃。但丈夫突然在妻子懷孕九個月時發現患上末期癌症，之後在孩子出生未滿月時就因病去世。當我面見這位妻子時，她不斷重複問為什麼上天要這麼殘忍拆散她們的家庭？當晚我感到十分難過和不安，於是我選擇透過祈禱和讀聖經將自己心靈裏的不安交給上帝，希望祂能讓我的心靈恢復平靜去繼續幫助這個家庭。有些人批評我這種做法十分消極，但我認為生命中有太多不能解釋的不幸事件，與其要尋根究底，有時我寧願選擇將這些事的發生原因歸咎於神的旨意，好讓我可以有空間去繼續盛載其他傷心者的不幸經歷。當我們的心處於不平安和不平靜的狀態時，進行宗教儀式（例如祈禱、唸經、打坐等）或閱讀宗教書籍都是有效的幫助方法。如果你沒有任何宗教信仰，把自己放進大自然的環境中，深深呼吸當中的清新空氣，並仔細聆聽周圍的聲音，都可令自己的心在混亂中回歸恬靜。

先好好照顧自己

總結來說，作為助人者必須時刻善待自己身、心、靈的需要，因為我相信要照顧別人前首先要好好照顧自己，否則我們非但不能扶起哀傷的案主，反而會與對方一起跌倒。最終只會傷害自己，同時傷害你原本想服務的人。

延伸閱讀

1. 黃惠惠：《助人歷程與技巧》，張老師文化，2005。
2. 李玉嬋等著：《導引悲傷能量：悲傷諮商助人者工作手冊》，張老師文化，2012。
3. 湯瑪斯・史考夫荷特：《助人工作者自助手冊》，張老師文化，2001。
4. 王理書：《帶着傷心前行：一個心理工作者的自我療癒故事》，寶瓶文化，2008。
5. Alan D. Wolfelt：《見證幽谷之路：悲傷輔導助人者的心靈手冊》，張老師文化，2012。
6. 芮妮・卡茲 & 泰瑞莎・強森：《終點前的分分秒秒》，張老師文化，2009。

每個人都是由大自然而來，所以當人回到大自然環境時，就會有一種回歸本源的感覺，心靈因此能回復平靜。這相片拍攝於美國加州的 Lake Tahoe。

第三章

從死亡，靈異到信仰

黃偉鴻先生
香港教育大學 教育政策及領導學系 一級講師
生死學課程導師
生死之旅課程統籌

　　六年多前，兒子出世，讓筆者首嘗「身為人父」的滋味。而從那時起，筆者更深入了解到生命的奇妙與奧秘。母親對我說：「你過了45歲才有孩子，要珍惜上天賜給你的這份禮物。育養一個孩子的學問很多，絕不能粗疏。而看着他的成長，你亦會學到很多以前在人生中你忽略的細節，更懂得生命的真諦。」而我則想起，一向對我冷漠的父親。

　　父親於戰爭年代中成長，家庭是一個悲劇故事。祖父於戰亂時失散，跟祖母的關係疏離。年輕時，是個流連街頭混混的小伙子。結婚後，去了當長途船員，每年回港一、兩次，每次才停留十多天。因此，父親跟家人的關係，一向都不緊密。準確一點說，其實是有點陌生。而父親於筆者心裏最深的印象，則是於童年時，他最喜歡拖着我的手，行十分鐘左右的路程，去粥店吃艇仔粥。

　　而由於此，筆者於兒子出生後不久，一直就有一個幻想出來的畫面，就是：父親有一天拖着我兒子的小手，然後我們祖爺孫三人一起去粥店吃艇仔粥，閒話家常。

　　誰料，於兒子意識漸明顯，開始掌握語言運用之際，父親卻不幸於逛街時溜倒，雙腳失去活動能力之餘，意識並從此不斷減弱，只能偶爾認出我及其他家人。

我於是明白，我之前腦裏出現的景象，已經沒有機會變成真實的一天了。

又如此過了接近三年，父親的身體倍加每況愈下，並於去年年初的一個微涼的清晨去世。

父親是有福的。喪禮，雖然從簡，卻全部家人都能出席，兒孫滿堂。而就在他正式離開後不久，也許跟我兒子在喪禮上的提出的問題有些關係，筆者在腦海裏開始了一連串對於死亡的思量。

說來，也許有點可笑。筆者雖然自十多年前起，一直在大學裏教授生死學，並組織多種探討死亡相關的活動（包括：論壇、講座、工作坊、拜訪殯儀服務公司、參觀殮房／殯儀館／公墓／墳場等），但面對至親的離逝，腦裏除了出現很多不由自主的片段外，竟是一片空白。就連兒子於那段期間問我的許多問題，我連公式的基本答案都答不上。

兒子問：爺爺已經死了嗎？那麼，我們還有機會見到他嗎？爸爸，你幾多歲？你是否都會死？（我不想你死，你可否等到我長大後才死？）人死了，是否都會被火燒？爺爺被火燒時，仍會感到疼痛嗎？爸爸，你死的時候，可否不用火燒？（我不想你被火燒。因那樣的話，我覺得你會很痛。）主耶穌會否接領爺爺呢？我們未來是否都會一起住在天堂呢？

也不知過了多少個午夜夢迴的晚上……在半夢半醒之間，我彷彿看見父親跟我說話，着我好好照顧母親及看管自己的兒子。而很多我自己兒時聽過的故事，都忽然間湧上心頭。

我出身傳統家庭，唸佛教小學。年幼時，又特別喜歡聽鬼怪故事及看靈異題材的書籍。什麼人死後會回魂、化成中陰、輪迴，都耳熟能詳。地府有閻王、陸判、鬼差；世界有妖怪、精靈。人可以有神通，而亡魂則需要超渡。

我於是想到目蓮救母的民間傳說，想替父親做些法事，好讓他早點超昇或「投胎」。其間，筆者似乎在冥冥玄奇之中，得到不少另一個空間的朋友們的提示。有些着我做這個，有些着我做那個，不一而論。但奇怪的事，卻發生了。父親是否已早投胎去，我不得而知。但我在家庭及生活範疇上的失誤，卻愈來愈嚴重。

出門，忘記帶東西，事小。工作時，把不同文件誤置在不同地方，也未算事態嚴重。耳畔，經常聽到說話，眼角，久不久有影子飄過，卻不能不處理。

出於自己的心理學／社會科學訓練，我告訴自己應調適工作進度及生活作息時間，好讓自己的情況好轉。然後，接二連三的機器故障，以及家中的寵物異常反應，卻令我不得不重新檢視自己的思想。

原來世界比想像中的複雜。我個人的有限經驗，不足以證明魑魅魍魎的真實性。但佛教的朋友則告訴筆者，三千世界的運作，非一般人的想像。除了一念天堂，一念地獄外，境隨識變。一個人的意識的轉變，可以衍生出無限可能。正如《金剛經》說：「一切有為法，如夢幻泡影。如露亦如電，應作如是觀。」

我於是收起心神，嘗試尋回慣常平靜的生活。在一個晚上，我寫了一封信比父親，又寫了一封比自己。我告訴父親，一切不用擔心。母親，我會照顧。兒子，亦已懂事。我告訴自己，父親已上路，一切平安，再不必記掛！

剛巧，那時又遇上基督教的朋友，教我於感到乏力時向上帝祈禱。筆者本來就不抗拒宗教，很自然地在心中向自己的「上帝」，說了以下的話：

「宇宙的主宰：這個世間上，有很多東西，我都不明白。我只是微不足道的一個人。對於生死，我參不透。對於鬼怪，我不認識。但假如祢是真實存在的，請以祢的旨意，繼續祢的行事。因我深信祢自祢的道理與安排，不必也不用向我們交代。

我又向祢請求。如祢見到我的父親，請保守他，讓他在祢的懷裏安息！

我也請祢憐憫世上所有的人，在我們肉體生命的終結以後，在祢的保守下，有朝一日，在某一個地方可以重聚！

以上禱告，期望能誠心所願！」

而說也奇怪，自那次禱告以後不久。筆者的生活，即回歸慣常的平淡。沒有驚天動地的奇蹟、神蹟，但亦沒有古靈精怪的干擾。

我敬畏生命的神聖，但卻不會強行揭開它的真相。我得好好的活下去，並告訴兒子，雖然我沒辦法去證明甚麼，但我們卻要相信死亡不能分開我們。我們（包括：爺爺）在未來的某一天，會以某種形式、方法重聚。

延伸閱讀

1. 霍韜晦：《走出死亡》，香港，法住，2001。
2. 黎斯華編：《超越死亡》，香港，法住，2008。
3. 黎斯華編：《生與死的探索》，香港，法住，2008。
4. 余德慧：《生死學十四講》，台北：心靈工坊，2003。
5. 傅偉勳：《死亡的尊嚴與生命的尊嚴》，台灣，正中，1993。
6. 張燦輝、梁美儀編：《凝視死亡──死與人間的多元思考》，香港，香港中文大學出版社，2005。
7. 羅秉祥：《生死男女》，香港，突破，1994。

筆者的父親遺照和骨灰。

鬼怪與喪屍的社會符號

黎明博士
香港教育大學社會科學系講師
性／別公義委員會發言人
《明報》、《立場新聞》和《時代論壇》專欄作家

　　喪屍是恐怖電影中的一種經典怪物形象，與之相關的電影最早可以追溯到 1932 年的《白殭屍》（White Zombie）。其實香港習慣用語中的「喪屍」和「殭屍」是不同的，但是由於不同地方翻譯差異的緣故有時會混淆。「喪屍」指的是美國流行文化中的 Zombie，也就是此文主要探討的對象，而「殭屍」則是指港產片中例如《殭屍先生》這樣的中式活死人。《白殭屍》這樣的早期電影中的喪屍，靈感取材於海地的巫毒教。被巫醫下毒控制的人，失去自主的思想和行動，對主人言聽計從，成為巫醫任意擺佈的奴僕。從這個層面來看，我們所熟悉的《科學怪人》（Frankenstein）中的人造人也可以視為這種早期喪屍的一種變體。1953 年，科學界對 DNA 的研究有了突破性進展，同時引發了涉足「上帝禁區」的焦慮。社會思潮的張力也反映在電影中，喪屍開始逐漸不再是古老神秘信仰的犧牲品，慢慢呈現為人類通過科學技術自己製造出的怪物（例如 1955 年的《Creature with the Atom Brain》）。

　　早期的喪屍不管是以單個還是一群的形式出現，都是一種外部力量操控下的產物——無論這個操控者是邪惡的巫師還是瘋狂的科學家，操控的方法是下毒、下咒還是科學實驗——他們因他人的意志而存在，他們的存在也只是為遵循他人的意志。與其說恐怖的是被控制的喪屍，不如說是施用法術將人奴役的幕後黑手。因此，早期喪屍一直

是一種面目較為模糊的存在，沒有其特定的身分，相比之下吸血鬼和狼人都要形象鮮明得多，也膾炙人口得多。

現代喪屍的崛起

這一局面在 1968 年出現里程碑式的轉折，喬治•羅梅羅（George A. Romero）導演的低成本黑白電影《活死人之夜》（Night of the Living Dead）為喪屍這個形象全面奠定了屬於自己的特質，使得喪屍電影真正成為一種類別。《活死人之夜》中的喪屍保留了早期喪屍缺乏思想、行動較遲緩的特徵，但在成因上不再有巫術的影子，轉變為生化科技相關的變異而導致的屍體復活，在外型上則比早期喪屍更突出死亡和腐爛的氣息。早期的喪屍只是被控制的人，所以外型上仍然保有較多活人的特質，只是從臉色、眼神、肢體動作上可以看出其「殭」的一面，他們只是在象徵意義上成為「活死人」。而羅梅羅的喪屍則是切實地死過一回的，因而是實際意義上的「活死人」──既非死亦非生，即是死亦是生──這更進一步模糊了生與死的界線。他們帶着濃厚死亡氣息的身體卻分明在活動，並且本能地想要攻擊、吞食活人，被他們咬傷還會感染致命病毒，最終死而復生變成他們的一員。這些元素都成為之後喪屍電影遵循的定律得以延續。

除此以外，「喪屍教父」羅梅羅的喪屍電影還有另一個重要意義，就是對當時美國社會的狀況進行了激烈的批判。羅梅羅從不諱言，他的喪屍片是具有政治隱喻的。60 年代的美國，同時經歷着內憂外患，外有美蘇冷戰、軍備與太空競賽、越南戰爭，內有反戰示威、民權運動和女權運動。一切舊有的原則似乎都受到動搖，就連中產階級最信賴最重視的家庭價值也岌岌可危，這些都被反映在《活死人之夜》之中。

《活死人之夜》對社會的批判

影片開頭沒多久，女主角芭芭拉（Barbra）就和哥哥在他們父親的墳墓前遭到了一個喪屍的攻擊，眼睜睜看着哥哥被咬死。芭芭拉逃亡中遇見了黑人男主角賓（Ben），兩人進入一間小屋，發現地下室裏還藏着其他倖存者，其中有一家三口──父親哈里

（Harry）、母親海倫（Helen）和他們被喪屍咬傷的女兒嘉倫（Karen），以及一對年輕情侶湯（Tom）和祖迪（Judy）。一群陌生人聚於一處，在脆弱的防禦之下，共同抵抗未知而恐怖的襲擊。這也是首次在喪屍電影中出現「求生空間」的經典橋段。

背景中迴盪着的電台廣播通告，直接對應着越戰時期的軍方廣播，而之後軍方與民間武裝力量合作滅殺喪屍，以及直升機出動的鏡頭也似足越戰時電視上播放的鏡頭。我們很容易聯想到，那些喪屍就像越戰中的外敵越南人，他們是神秘未知的他者，卻有一種喪心病狂、誓要將你治死、至少也要與你同歸於盡的決絕。可是當我們看見民兵在屠殺中充滿仇恨，喪屍反而顯得手無寸鐵有點無辜，正與邪的界線就模糊了。這種人類與喪屍、正義與邪惡之間的模糊甚至換位，在羅梅羅之後執導的《生人勿近》（Dawn of the Dead 1978）、《生人末日》（Day of the Dead 1985）、《活屍禁區》（Land of the Dead 2005）、《活屍日記》（Dairy of the Dead 2007）以及他擔任編劇的《活死人之夜》改編作品中，都以不同的形式展現出來。我們原本以為威脅來自他者的邪惡，但原來邪惡不只存在於他者，我們甚至可以比他者更邪惡。

但喪屍的身分沒有那麼簡單，通過電台廣播，人們得知一個金星探測器（對應現實中1962年美國發射的水手二號金星探測器）意外墜毀在某地，造成輻射污染，與此同時出現的死人復活並四處吞食活人的現象，很可能就是輻射造成的突變。原來恐怖的敵人也是我們自己造成的，這不免令人繼續聯想到美蘇冷戰和各種軍備、太空競賽，由此引發核災難、生化災難的威脅。然而當權者的決策後果，往往是由平民來承擔。

再一次，當我們只看向外在的危機，羅梅羅就將我們的眼光拉回內在，這個「求生空間」裏的眾人，就彷彿是美國社會的縮影，有白人黑人、男人女人，有社會主流的中產階級核心家庭，有未婚但正向着婚姻家庭發展的情侶，有來自家庭的未婚單身者。在電影中我們主要看到的並不是他們如何與喪屍搏鬥，而是他們內部的關係與張力。

哈里作為一家之主，在這個「求生空間」中也力圖成為主宰。他與黑人男主角賓在求生策略上產生了分歧——他主張死守地下室，賓主張向外求援、尋找最近的避難

所——這種分歧進而激化為權鬥。當哈里與賓爭吵完，忿忿地回到地下室對妻子海倫發牢騷，「等着瞧吧！等他們來求我放他們進來（地下室），就知道我才是對的！」海倫卻一語道破：「證明自己才是對的，別人都是錯的，這對你來説才是最重要的吧。」人們對於典型的中產階級家庭的幻想是相當意識形態化的，一家三口或者一家四口，獨立的房子，和睦溫馨相親相愛的家庭關係，工作和家庭角色分工明確的陽剛父親和陰柔母親……影片卻呈現出這溫馨幻想在現實衝擊下的醜陋真相，再由妻子的回應揭穿家庭關係的父權本質——哪怕外面喪屍肆虐，奪取「家」的主導地位永遠是父權價值的第一要務。

可以説，羅梅羅的喪屍片就是將這些人們日常深信並且依賴的社會規範置於喪屍來襲的末日空間，然後讓我們看見這些代表了愛、美好、溫情、光明的人物與場景，如何顯現出猙獰和暴力，如何比外部世界崩壞得更快，如何只會引向毀滅的窮途末路。扮演好父權眼中的乖巧柔弱女孩，並不會令你逃出生天，家庭成員的關係也不再意味着親情——芭芭拉柔弱膽怯，是典型的父權劇本中的女性形象，當她看見來襲的喪屍中有死去的哥哥，親情帶來的片刻猶豫便使她葬身喪屍之腹。明天也不一定會更好——年輕情侶仍嚮往着美好的未來（不可避免也是要走入這種婚姻家庭的幻想），但在出逃過程中不幸引火燒身、命喪火海。人性和理性勝不過權力與仇恨——賓逃回小屋卻發現哈里將他鎖在門外，想要獨攬一屋之大權。家不再是溫情的港灣，而是吃人的恐怖之地——哈里在與賓的打鬥中受傷，跌入地下室，卻被異變成喪屍的女兒吞食，海倫也難逃厄運，被女兒用鐵鏟活活鏟死。孩子，家庭重點保護的對象，令家庭和現有社會規範得以延續的「未來之希望」，卻是親手拆毀這個家庭結構的恐怖力量本身。

當父權家庭毀滅，地下室反倒成為了安全的空間，使得賓獨自撐到了第二天。他聽見屋外的槍聲和狗吠聲，知道援軍已到，便出外求救，卻被視為喪屍而一槍擊中頭部斃命。這一幕也強烈呼應了現實中，在電影上映幾個月前剛被刺殺身亡的民權運動領袖馬丁·路德·金。

賓的屍體最終被和喪屍的殘骸堆在一起焚燒，這令人絕望窒息的結局，也一再提醒

我們，我們與喪屍的距離並不遙遠。這界線的模糊不僅在於死後同樣的廢棄皮囊，也在於我們體內有着同樣的暴力與兇殘，只是我們恐怖的這一面已經深化進入骨髓，成為了制度的一部分，由制度替代我們去行使這暴力——末日的來臨，我們的責任不亞於喪屍，喪屍更像是我們自己種下的果——而我們卻看似和平文明的人類，過着表面溫馨美好的生活。這假面具在末日來襲、制度崩壞的時候便徹底碎裂了，我們卻只當危機來自「他者」的入侵，然而我們同樣可以成為別人眼中的危險「他者」，危機，其實來自我們對權力無盡的爭奪。

當我們認為喪屍和我們的區別在於喪屍沒有自主意識，只被本能驅動行事，並且具有傳染性，我們又有多大程度脫離了社會規範和傳統觀念對我們的制約，活出了獨立自主的生命呢？又有多大程度不是被社會競爭的求生本能驅着行事為人呢？我們的陳腐觀念，對權力的崇拜和爭奪，對不平等規範的固守，又何嘗不是一代傳一代並影響着身邊的人呢？喪屍電影最終告訴我們，這不是如同鬼魂一般死者對生者的復仇，我們與行屍走肉的分別，和生與死的界線一樣模糊，我們就是喪屍，喪屍就是我們。

參考資料

1. Silver, Alain and James Ursini. (ed.). (2014). The Zombie Film: From White Zombie to World War Z. Applause Theatre & Cinema Books.

2. Hubner, Laura, et al. (2015). "Introduction." The Zombie Renaissance in Popular Culture. Edited by Laura Hubner, et al., Palgrave Macmillan. 3-14.

3. Patterson, Natasha. (2008). "Cannibalizing Gender and Genre: A Feminist Re-Vision of Romero's Zombie Films." Zombie Culture: Autopsies of the Living Dead. Edited by Shawn McIntosh and Marc Leverette, Scarecrow Press. 103-118.

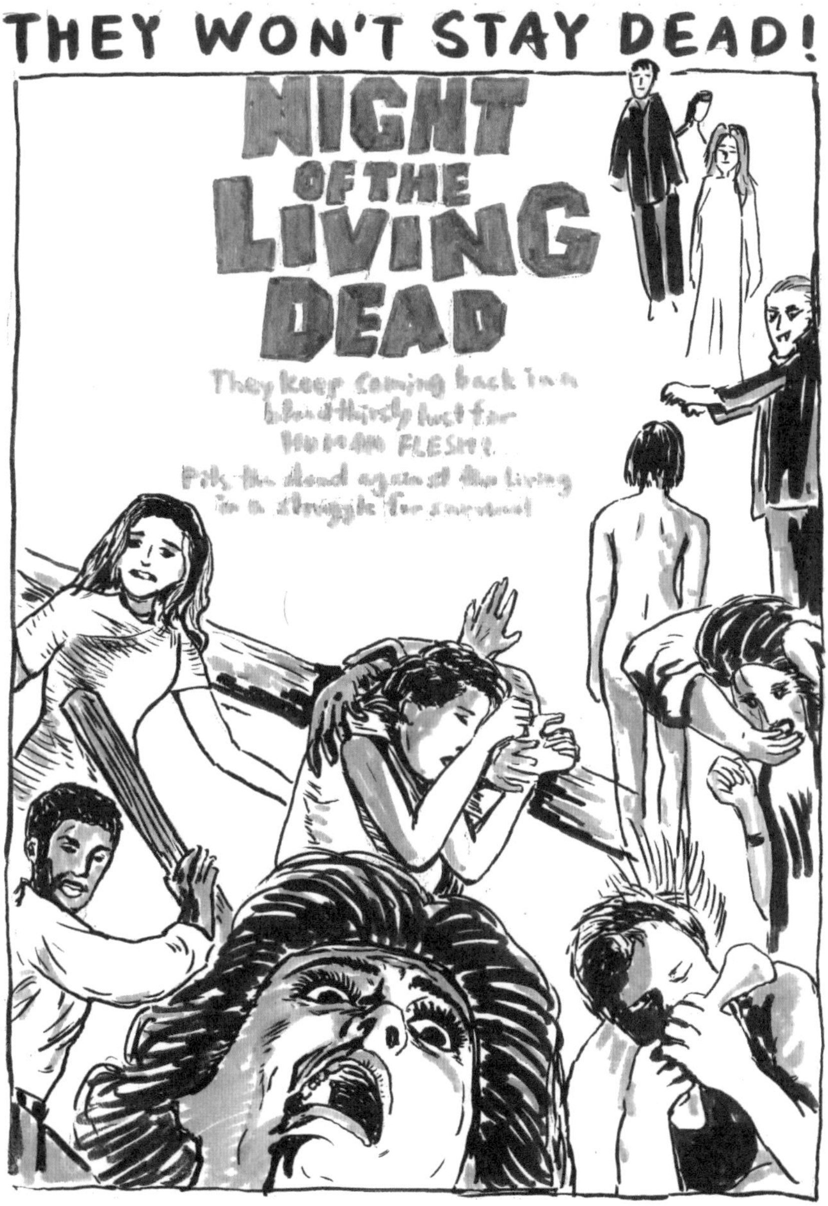

1968 年電影《活死人之夜》（Night of the Living Dead）。（繪圖：伍桂麟）

法醫研究與屍骨尋蹤

李衍蒨小姐

法醫人類學家
Kenyon International Emergency Services Regional (Asia) Team
Member Coordinator
英國李斯特大學法證科學（法醫人類學及考古學）研究碩士
香港中文大學人類學文學碩士

1940 年，14 歲的 George Owen Smith 家人收到 George 的寄宿學校通知，說他自行逃走了。家人起初不相信，要求學校加緊找回 George，學校也只好答應。誰料，過了不久，George 的家人再次接到學校通知，只是這一次說不只找到 George，而是找到他的屍體。家屬對於這個消息更加覺得不可思議，詢問之下學校只是說因為 George 之前逃走，尋回後只剩下屍體。由於這間學校的校譽一直都不太好，並且有許多與暴力對待學生的傳聞傳出，因此對於學校這個解釋，家屬永遠都沒有接納。家屬只希望能夠領回 George 的屍體好好安葬，其他事再另作決定。於是，家屬清楚向學校表明，不要先把弟弟的屍體處理掉，會盡快到學校領回。當 George 的家屬去到學校時，發現學校違反了承諾——將 George 的屍體葬在學校後面的樹林裏，並且沒有留下任何標記及墓碑。

事情輾轉到了 2011 年，美國佛羅里達州一所大學的法醫人類學家看到了有關的新聞報道，連同南美的相關機構向當地政府及學校申請許可及資金，去協助家屬如 George 的姊姊尋找當時這所學校突然消失的男孩的下落。

法醫考古及法醫人類學能夠為已經過世多時的人提供一個答案、一個機會去為如此的悲劇尋找一個句號。但是，在現實層面來說，屍體及骸骨離世時間愈久，就愈難辨

認，能夠採集到的資訊亦只會隨着時間流逝而愈來愈少。畢竟，骨骸如這些都是一個人身體的百分之五十，因此在調查的時候必須加入多種類型的科學及專業知識去協助尋找死者的身分及資訊。

按照之前學校的記錄及家屬們得知的埋葬地點，是次大學主導歷時四個月的挖掘過程當中，一共找到了 55 個墳墓，所有都沒有任何標示或是相關墓碑。而從骨頭的檢測及推斷看來，這 55 個墳墓裏面的骨骸都很接近，鑑識人員必須要從另外一個方向入手調查——脫氧核醣核酸，亦即 DNA。

從骨頭裏面抽取 DNA 不是不可能，只是需要的技巧及程序比平常認知的 DNA 採集過程更為複雜。在一般情況來說，骨頭的 DNA 可以從股骨（femur）的骨幹抽取。做法是在股骨上用鋸劃兩下，取下小骨塊，再送到化驗所裏面磨成骨碎並進行相關抽取程序。選擇股骨作為採集及抽取點是因為股骨相對比較厚及堅硬，能讓骨頭在周邊環境變化中依然保存下來不受破壞的機率比較高，因此令成功抽取 DNA 的機會比較大。如果股骨不幸受到破壞，就會嘗試使用脛骨（tibia）或是肱骨（humerus）作為抽取點。除此之外，牙齒也是可以抽取 DNA 的身體部分。基本來說，只要牙齒的琺瑯質（enamel）沒有遭受破壞，牙齒也沒有觀察到任何的齒科疾病，DNA 都能夠從牙本質（dentine）抽取得到。

雖然，在骨頭上抽取 DNA 可以有效協助及確認骨骸的相關身分，但是背後卻有着巨大的限制。一方面是因為在骨頭抽取 DNA 的費用很昂貴，在大型事故需要以 DNA 去鑑定一定數量骸骨的身分時，背後的資金都會負荷不了。其次，因為 DNA 鑑定在化驗所沒有任何囤積的標本需要鑑定的理想情況下，都需要六至八個星期左右才能完成處理一個標本。在如此前提之下，如果光依賴 DNA 鑑定來辨識身分便需要等待很長時間。再者，DNA 的辨識是雙向的，需要依靠標本比對，而不是光檢驗就可以從報告知道這個人的身分。因此，如果骨骸或死者的親人沒有主動前來提供家屬或死者生前的標本作比對的話，整個 DNA 比對過程就不能夠成功。

的而且確，DNA 的抽取技術成就了很多身分鑑定的可能，George 也是受惠的一員。在挖掘完成後，法醫團隊採集了姊姊口腔內的 DNA 與找到的骨頭 DNA 互相比對。由於因為有血緣關係，兩者 DNA 自然很接近，因而找到了 George 的身分及屍體。這個 George 父母生前的遺願及其姊姊最大的心願終於在姊姊 85 歲高齡的那一年成功達成。振奮的消息除了讓我們知道一直堅持去做一件事才會有成功的一天這個做人的道理之外，更重要是印證了法醫及法證不停進步的研究對尋找身分的重要性。

　　美國 911 事件發生後，遇難者的身分鑑定工作到今天依然不停在進行。每隔一段時間，都會在媒體上看到有關成功鑑定身分的進一步消息。這類消息除了令人振奮之外，相信亦對很多人來說異常詫異：沒想到過了十多年的時間，這些工作竟然還在進行當中。其中一個重要原因是因為在 911 事件發生之前，美國當局的 DNA 鑑識系統只是以州份作為運作單位，令到尋找到相關資料的機率難上加難。這類全國鑑識系統一直以來要不只是用於囚犯的犯罪紀錄而已，要不就是用於軍事用途。因此，在該恐怖事件發生後，頭數年都是用作開發其全國性 DNA 鑑識系統的工作。

　　2018 年 11 月中，加州天堂鎮（Paradise）的山火肆虐。由於天氣極為乾燥，因此其蔓延速度非常迅速。其火勢造成超過 90 人死亡，破壞了共差不多 2 萬棟建築物。而筆者的數位朋友，亦因此需要在考試季節中緊急疏散，以保性命。經過火舌洗禮後，整個城市都滿目瘡痍。當地兩所大學裏的法醫人類學教授都馬不停蹄，開始到火災現場搜索人體骨骸，務求可以帶回殮房，利用 DNA 技術去鑑識死者身分。同一時間，亦有超過百人的志願團隊加入去進行搜索，希望可以加快鑑識腳步，令受影響家庭早日脫離傷痛。可幸的是，當地的一名法醫官 Dr. Richard Selden 開發及改良了 DNA 鑑識技術，令到原本需時以月為處理單位的 DNA 鑑識標本，能夠在幾星期內便得到鑑識結果。有 41 名遇難者已經被確認了身分，其中的 31 人就是用 Dr. Selden 研發的「快速 DNA（Rapid DNA）」確認身分技術。Dr. Selden 的技術能夠有效提高 DNA 的用途及效率。雖然亦有學者擔心此技術的成熟性，但 Dr. Selden 依然對此技術有信心及相信其準確性。

很多時，都會因為一件大型的災難事件，而令到法醫人類學這個專業有相當重要的發展。首先，因為二次世界大戰而帶領歐美國家有系統地發展法醫人類學專業及應用相關研究。之後，因為不同的大屠殺等不人道事件，而開始着手研究不同的兇器造成的傷痕及死亡的手法。然後到 911 事件，因為 DNA 的出現及廣泛應用，而進一步設計全國系統去鑑識亡者身分。到 2018 年年底，因為大火而衍生出「快速 DNA」技術。光看技術的發展及發達，已經令人鼓舞，而因為這些發展令到可以鑑識到的身分增加，更是振奮人心。不過如果把代價也一起衡量，則令人心寒。

人，到底是否還需要以生命來換取科技、技術的進步呢？

參考資料

1.   Byers, S.N. (2020). Introduction to Forensic Anthropology (4th ed.). Prentice Hall.

2.   Luscombe, R. 2014, August 07. Identification of Florida boy's remains marks end of 'long journey' for family. The Guardian. Retrieved from: https://www.theguardian.com/world/2014/aug/07/florida-boy-remains-reform-school-george-owen-smith

3.   Serna, J. November 13, 2018. Paradise requests mobile morgues, 150 more searchers and a rapid DNA ID system, as deaths mount from fire. Los Angeles Times. Retrieved from: https://www.latimes.com/local/california/la-me-california-fires-woolsey-hill-camp-paradise-requests-mobile-morgues-50-1542121404-htmlstory.html?fbclid=IwAR2T7fShGIHkP1uddwLEsbzZcljPmsiMmYfQUGtzXNByXWOhtIcgNwfZGfk

4.   Tracy, T. (2016, September 06). Years later, city Medical Examiner still works to ID 9/11 victims. Daily News New York. Retrieved from: http://www.nydailynews.com/new-york/years-city-medical-examiner-works-id-9-11-victims-article-1.2784759

5.   Whitaker, B. December 02, 2018. Paradise lost: inside California's camp fire. 60 Minutes.

6.   Retrieved from: https://www.cbsnews.com/news/paradise-lost-inside-california-camp-fire-60-minutes/

7.   Whites, T.D. and Folkens, P.A. (2005). Human Bone Manual (1st ed). Academic Press.

8.   李衍蒨，〈失火「天堂」—— DNA 進步的代價〉，《CUP 媒體》，2018 年 12 月 6 日。取自：https://www.cup.com.hk/2018/12/06/winsome-lee-paradise-california-rapid-dna-id-system/

骨骸可以記錄認為死者生前的生活習慣、慢性疾病、創傷痕迹等，
令研究者及學生們可以透過這些線索了解前人的生活及習性。

生物科技與基因編輯

區結成醫生

香港中文大學生命倫理學中心總監
老人科及復康專科醫生
前醫療管理人
作家（筆名：區聞海）

生物科技（Biotechnology）有許多種定義，有些是在創新科技產業甚至是投資市場的範圍使用，強調正面的目的，為改善未來人類生活和改進社會。另一方面，當今的生物科技進展神速，野心勃勃地衝擊既有的價值觀，有時令人詫異，甚至擔憂。例子是中國科學家賀建奎團隊應用 CRISPR-Cas9 基因編輯技術，宣稱產生了兩名未來能抵抗愛滋病毒的嬰兒。CRISPR-Cas9 本來是細菌用以反制外來入侵的病毒的基因武器。當有「噬菌體」病毒入侵並把自己的基因物質嵌入細菌的基因序列寄居，細菌就會應用它的天然 CRISPR 方法，用蛋白質剪刀剪斷外來基因段，將它剔除。Cas 就是製造相關的蛋白質剪刀的基因，因此 CRISPR-Cas9 被稱為「分子剪刀」。

2018 年 11 月，賀建奎進行了基因編輯嬰兒實驗的消息在香港一個國際峰會上引爆，觸發譴責，他的研究計劃被國家叫停。科學界有些評論強調這只是個別研究者踩過了道德倫理的界線，但是生物科技對道德倫理的衝擊並不是孤立的現象。

令人目眩的突破

上世紀生物科技興起之初，不少成果讓人津津樂道，例如利用酵母菌製造食品、利

用微生物生產盤尼西林。其後，生物科技分支為更多領域，有人以顏色劃分為紅、綠、藍、白。紅色（象徵血液）生物科技的領域是醫學生物科技，如利用生物體生產新型藥物、利用幹細胞來恢復受傷組織的再生，甚至整個器官的再生。綠色生物科技用於農業，涉及抗蟲穀物的開發和抗病加速動物進化等。藍色生物科技主力開發海洋和水生環境中的生物程序，例如用於控制有毒水上生物的擴散。白色生物科技（亦稱灰色生物科技），見於工業生產，例如利用生物開發新的車輛燃料。(1)

隨着基因科學和分子生物學的重大突破，生物科技應用的可能性大為擴張，有些突破不單令人目眩，甚至在重新定義我們對生命的基本觀念。當人工技術可以合成本來在自然界並不存在的全新物種（稱為合成生物學，synthetic biology），生命還是「自然」的嗎？(2) 人類基因組在 2003 年被完整破解，生命的本質好像可以簡化為 DNA 遺傳密碼。CRISPR 和其他相類的技術提供了威力具大的武器，可以動手設計未來的人類的基因，改變物種，甚至把人類和其他物種相嵌合。

早在上個世紀不少大學已建立了「生命科學」的學系，取代或更新傳統的「生物學」、「化學」的分科概念。有人把 Biotechnology 翻譯為「生命科技」而非慣常的「生物科技」，以充分顯示科技對生命影響深遠，跨越了生物科學的邊界。同樣地，筆者現今從事的學科 bioethics 通常被翻譯為「生物倫理學」，但我們了採用「生命倫理學」這個較新的譯名。

倫理學重視開放地討論理由。在賀建奎「基因編輯嬰兒」個案，他的自辯理由是，以 CRISPR-Cas9 技術對胚胎基因進行編輯，目的是讓嬰兒生下來就具有對愛滋病毒的免疫力，解除愛滋病毒感染者夫婦的憂慮。他具體進行的所謂「基因手術」，其實是使用還在實驗階段的 CRISPR-Cas9 基因編輯工具包，敲掉胚胎一段名為 CCR5 的基因。他的自辯能成立嗎？這個說法的問題與漏洞很多：現今協助愛滋病毒感染者夫婦生育，已有方法可避免孩子受感染，包括沖洗精子等，不單有效，更毋須有入侵性。其次，目前的 CRISPR 技術並不是那麼準確。他的目標基因是 CCR5，但剪輯時很可能歪打其他不是目標的基因，（稱為「脫靶」，off-target），造成不可知的長遠傷害。這些質疑還只是在

實驗設計和安全性的層面。比較深刻的問題是：當人類動手設計下一代的基因，即所謂「設計嬰兒」或「訂製嬰兒」（designer baby），我們是否開啟了翻天覆地的大門？

改造人類近親物種的基因

在靈長類動物的基因科技應用同樣值得深思。2018 年 1 月，中國上海研究團隊成功用「體細胞核轉移」（somatic cell nuclear transfer，SNCT）技術，克隆（cloning) 出兩隻長尾獼猴，取名為「中中」和「華華」。這是世界首次用體細胞克隆出靈長類動物，意味着科學研究正在逼近複製人類的技術。中國研究團隊克隆猴子的目的，是為生產「基因一致」的動物，供生物醫學研究。研究團隊在這裏見到重大的產業商機。

一年之後，同一研究團隊宣佈成製造了五隻基因相同的有人造基因缺陷的複製獼猴。方法還是用 CRISPR-Cas9 技術，敲除一個猴胚胎中的生物節律核心基因 BMAL1，繁殖這些有基因缺陷的獼猴。這些猴子從一生下來就有晝夜不分的生物節律紊亂、睡眠障礙，成長為表現出焦慮和精神症狀的病猴，研究團隊聲稱可以成為研究睡眠障礙和精神病的模型。

中國科學院昆明動物研究所的科學家在研究從猿猴進化到人類的大腦基因進化。2019 年 4 月，他們宣布，成功將人類大腦發育基因（MCPH1）植入恆河猴的腦子，結果顯示這些猴子的神經細胞分化和神經網路發育的進程，變得像人類一樣，需要更長的時間成熟，而且在記憶測試上，短期記憶能力和反應能力比其他野生猴子表現更好。他們還在進一步測試新的大腦進化基因，看能否促進猴子向人類智力進化。

有科學家認為，人類基因永遠不應該被移植到猿猴類身上，因為他們與人類太過相似，這樣的基因混合是一條危險的道路。然而也有科學家認為，人類和猴子之間有數百萬個不同的基因，這項研究只是改變了大約 2 萬個腦部基因中的一小部分，問題未必太大。筆者傾向於認同前者。

通常我們會相信，科學技術的力量是中性的，是福是禍，視乎人類如何應用。如果生物科技全都是中性的，為什麼基因編輯科技觸發特別強烈的爭議？因為它的威力巨大，影響特別深遠。我們必須要去質疑：人類究竟有沒有足夠智慧善用「分子剪刀」和其他層出不窮的嶄新的生命科技呢？

參考資料

1. Saurabh Bhatia. History, scope and development of biotechnology, in: Saurabh Bhatia and Divakar Goli, Introduction to Pharmaceutical Biotechnology, Volume 1. IOP Publishing Ltd 2018. Accessed on 15 May 3029 at https://iopscience.iop.org/book/978-0-7503-1299-8/chapter/bk978-0-7503-1299-8ch1.
2. 陳恒安：〈21 世紀新生命科學〉，《科學發展》，2011 年 1 月，457 期，127-130 頁。

延伸閱讀

1. 區結成：《生命倫理的四季大廈》，第 3、9、10 章，香港，三聯出版社，2019。
2. 黃佩華：《生老病死的大哉問》，第 1、3 章，台北，三民出版社，2017。
3. Nicholas Wade：〈我的基因我做主？科學家說不〉，紐約時報中文網，2015 年 3 月 20 日。

哈德遜河的赫斯廷斯中心（The Hastings Center on Hudson）是全球第一所因生命倫理課題而創立的民間研究中心。兩位創始者之一 Daniel Callahan 常被尊稱為「生命倫理學之父」，是美國的（也可以說是世界的）生命倫理學的重要奠基人。筆者現在工作的香港中文大學生命倫理學中心在 2015 年創立，在起初亦曾經邀請 Hastings Center 來獻策定位。中心位於紐約州，在哈德遜河上游的山上安靜的樹林旁邊。

從高錕離世再思臨終照顧

香港中文大學公共衛生及基層醫療學院助理教授
香港生死學協會副會長
D100 電台節目《生命 21 克》主持人
唱作歌手，「鍾氏兄弟」成員

前香港中文大學校長及諾貝爾物理學獎得主，人稱「光纖之父」的高錕在 2018 年 9 月 23 日與世長辭，就此完結他 84 年精彩的人生。大概 2004 年左右，高錕證實罹患早期腦退化症，而病情亦漸趨嚴重。2009 年 12 月 10 日，在諾貝爾典禮上，因為身體狀況的緣故，高錕獲得特別安排，免除較繁複的禮儀，由瑞典國王卡爾十六世·古斯塔夫走到他面前頒獎。傳媒的廣泛報道亦引起大眾對高錕病情的關注。

還記得大概兩年前他的太太黃美芸接受傳媒訪問時表示，她的丈夫希望能夠接受晚期的紓緩治療，在家離世，安詳的走完人生最後一步，引起一時的熱話。在那次訪問中，高太提及高錕的父親在 90 歲臨終之時，因為不肯進食，醫生強行使用餵食管插進高父的身體，受盡煎熬的日子整整長達六個月，直至他去世的一刻才釋除痛苦。他們夫婦兩人均對此感到非常愧疚，而如果可以選擇的話，他們更希望高父不需要接受那些具入侵性的維持生命治療，好讓他安詳離世。她表示當時的醫生只是集中於把疾病「治癒」但沒有照顧到病人晚期的生活質素以及心理健康。所以，她認為醫生有需要為病人及其家人解釋使用那些可維持末期病人生命（但經常是對身體帶有入侵性）的治療對病人所帶來的後果。她還表示，腦退化症病人尤其需要在家度過最後的日子，因為對他們來說，醫院陌生及冰冷的環境會容易令他們脾氣暴躁。

雖然高太高調表示過希望她的丈夫能夠在家離世，但高錕最後仍然未能實現這個願望，在白普理寧養中心離世。雖然不是在家離世，但在白普理寧養中心總算能夠接受紓緩症狀及減輕心靈痛苦的紓緩治療（palliative care），而不只是接受針對疾病本身的治療（curative care），相信在相對安詳的情況下離世。我希望趁着各界表揚高錕的一生成就之際，在此拆解幾個對紓緩治療及晚期護理的迷思，好讓大家對此有更具體及深入的了解，我相信這也是高錕本人樂見之事。

迷思（一）：紓緩治療等同放棄治療

　　很多人（甚至一些醫護人員）均認為，接受紓緩治療就等於放棄治療，是未死先判的死亡證。首先，這說法已經假設了世界上其實是存在可以治癒臨終病者疾病的方法，只不過病者或家人選擇放棄而已。但事實上，世界上很多疾病以現時的醫藥科技是不能夠根治的，而更多的情況會是病人由確診的那一刻便開始與那個疾病一直共存，而病人會隨着疾病續漸變得更嚴重，慢慢步入臨終，最後死亡。但紓緩治療對於臨終病人的目的正是在於在一些病患情況不能逆轉下，給予病人針對痛楚與病徵的治療，好讓病人能夠維持生活質素或者減慢生活質素急劇下降的情況。而事實上，亦有研究指出接受紓緩治療比起只接受針對疾病本身的普通標準治療，臨終病人擁有更好的生活質素、更佳的心理健康以及活得更長。

迷思（二）：紓緩治療等同「安樂死」

　　紓緩治療等同「安樂死」也是一個普遍的嚴重誤解。坊間經常提及的「安樂死」（Euthanasia）是一種給予患有不治之症的病人盡量減少痛楚地死亡的措施，通常的做法是由醫生注射能夠殺死病人的劑量，主動為病人結束生命。

　　所以接受「安樂死」的病人是可以精確地控制自己的死亡時間，亦是一種基於經醫生判斷為有合理理由的變相「自殺」。相反，接受晚期紓緩治療的臨終病者絕對沒有醫生主動為病人結束生命的過程，而就算病人在自己還有精神行為能力的時候預先選擇在

病情不能逆轉之時拒絕接受維持生命的治療，病人也可以繼續接受針對痛楚與病徵的紓緩治療，而病人真正離世的時間與日期也沒有人能夠準確地預測。而正如上文所說，接受紓緩治療甚至比只接受針對疾病本身的普通標準治療的臨終病人平均活得更長。

迷思（三）：「搶救」必然是對病人好

對於末期病人（如末期癌症病人），當病情不能逆轉時，維持生命治療會失效或變得沒有實質意義，甚至會增加病人的身體痛楚。而其中一種能夠有機會阻止臨終病人離世的維持生命治療就是大家在電影或電視劇的場景聽到耳熟能詳的所謂「搶救」，更準確的稱呼應該是「心肺復蘇術」。但並不是太多人清楚了解實行「心肺復蘇術」為臨終病人（尤其是年長的的臨終病人）可帶來的後果。很多現實的情況正正是因為臨終病人年紀老邁的關係，實行「心肺復蘇術」時胸骨可能也被壓斷，導致病人雖然被「搶救」過來，但生活質素受到嚴重影響，苦不堪言。我個人認為「搶救」這兩字本身就已經帶有誤導的成分──試想想，在一個緊急的醫院場景中，當醫護人員詢問其他家屬應否「搶救」他們臨終病患的家人之際，哪有人會說不救呢？但這很大程度是因為大家都不清楚「搶救」兩字背後的意涵，亦不知道「搶救」本身很大機會對病人帶來嚴重的痛楚。由此可見，除了「搶救」一詞的使用有商榷之餘，香港更需要推行廣泛而且是循證的公眾生死教育，而不是被那些為了增加劇力的電視醫院場景所取締為我們的公眾生死教育。

最後，我想提醒大家，高錕實際的願望是在家離世，但願望最後是落空的。你可以說在現今香港的情況下，因着各種如法律、操作及社會文化的原因，在家離世是不切實際；但這絕對不代表我們就應該停在這裏。當現實與理想存在很大的距離時，我們不是應該更努力地嘗試把這距離收窄嗎？我希望大家在懷緬高錕之際，也能積極反思怎樣才能夠令臨終病人可以在他們選擇的方式及地方安詳離世，尊重病人的意願，好讓他們有尊嚴地走完人生的路途。最後，我謹在此向高錕先生獻上最崇高的敬意。

（原文刊登於《明報》2018 年 9 月 30 日「星期日生活」）

延伸閱讀

1. Temel JS, Greer JA, Muzikansky A, et al. Early palliative care for patients with metastatic non–small-cell lung cancer. N Engl J Med. 2010;363:733–742.

2. Institute of Medicine of the National Academies. Dying in America: Improving Quality and Honoring Individual Preferences Near the End of Life. Washington DC: The National Academies Press; 2015.

3. The Economist Intelligence Unit. The 2015 Quality of Death Index: Ranking palliative care across the world. The Economist; 2015.

遺體捐贈者的無言之教

伍桂麟先生

英國註冊遺體防腐師
香港中文大學 醫學院 解剖室經理
香港生死學協會 創會會長
Facebook 專頁「生死教育」版主

筆者從中學開始到現在，當了近 20 年慈善團體的獨居長者義工，在多年探訪中明白本港獨居長者的悲慘境況。剛巧自己九年前來到香港中文大學醫學院解剖室當遺體防腐師時，遇到第一個困惑的難題，就是中大醫學院 36 年歷史中，多年來也是依靠「無人認領遺體」用於醫學解剖教學上，而這些遺體正正可能就是一些從獨居長者。心中生出念頭，希望為這些「無聲者」尋回基本的人權和尊重，讓解剖教學回歸於「人道」之上，因為「醫學」的根本應該是「拯救」，而不是「奪取」。

或許正因為自身工作的經歷和體會，筆者心中十分反對香港政府把器官捐贈法例從自願性登記捐贈模式，嘗試立法改為「預設默許機制」（Opt-out Organ Donation System）。意指任何人在生前沒提出反對捐出器官下，死後將被視為願意捐贈。就正如前言所說，因為「器官捐贈」的根本應該是出於「大愛捐獻」，而不是立法「巧取移植」。

香港器官捐贈數字一直以來都不理想，在近年幾次器官捐贈及移植醜聞下更見裹足不前（例如：港大醫學院肝膽胰外科兼職副教授吳國際，去年 10 月 13 日在瑪麗醫院監督換肝手術期間離開手術室，到私家醫院進行另一宗預約手術，連累病人被「開肚」後白等三小時）。香港人的捐贈文化，從來都是「好心」有餘，反之多是「信任」不足。

而且家人之間缺乏生前身後事上的規劃和溝通，加上傳統文化對死亡的忌諱，在當局追求登記數字的迷思及低效宣傳下，器官捐贈文化自然追不上時代的需要！

香港遺體捐贈文化之革新

「無言老師」是香港中文大學醫學院對遺體捐贈者的尊稱，而「無言老師」遺體捐贈計劃　嘗試帶出「尊重」、「人性化」和「社會責任」的理念。「無言老師」的名字意念源自於遺體捐贈者對每位學生的「無言身教」。計劃的標誌中長方體的顏色代表「無言老師」那枯竭的皮膚，中間留白位置寓意學生在遺體身上的每一條刀痕將來都會化作每位病人的光明道路。在每位醫學生的學習生涯裏，人體解剖學是醫學訓練中深入認識及了解人體結構的重要課程，而遺體捐贈者就是當中最默默無聲地付出和教導的一位老師。為了讓醫學生體會「無言老師」的無私奉獻，我們會在解剖課之前舉行一個莊嚴的靜默追思儀式以示感謝和尊敬。直至所有解剖課完結前，學生們會在心意卡上寫下對先人的謝意，蓋棺前把卡放入棺木，讓訊息隨先人火化而去。

醫學生今天如何對待他眼前的遺體，也是他日後面對病人和家屬時的寫照。我記得中大的一位同學曾在心意卡寫了以下詩句：「不言之教，無言感激。生命有限，知識永存。一點一滴，銘記於心。無言老師，如何感激。」

用自己的生命成就他人的生命，這是人生另一種的價值和意義。「無言老師」奉獻身後的軀殼，可讓醫學生在自己身上學到更多的知識，找到減輕其他人痛苦的方法。這種超越生死的氣魄，把生命的道傳給了一個個年輕的醫者，讓這些未曾接觸過死亡的年青學生，反思如何嚴肅地尊重生命、探索生老病死，日後治療病人時能感同身受，這是多麼珍貴的人生經驗。

「醫德高尚」、「仁心仁術」、「醫者父母心」的牌匾不應只是掛在醫生的診所，而是要藏於心內，活在身上。若醫生不尊重病人，不以同理心與病人溝通，那醫生不過是看病機器而已，再利害也只能成為「一代名醫」，但廣大香港市民真正需要的，卻是

一眾「仁醫」。

登記 · 離世 · 撒灰

「無言老師」遺體捐贈計劃的運作如下：在先人離世後，家人可自行決定安排殯儀程序或委託中大安排先人接送，在出殯當日送達李卓敏基本醫學大樓，而樓外的「無言老師」送別閣有一個小花園，家人可以為先人進行簡單送別儀式，而且大樓內設有「無言老師」紀念牆，家屬日後可在辦公時間內在先人的紀念名牌前悼念及獻花等。直至先人火化前，家屬可決定自行尋找殯儀承辦商或委託中大安排火化。即使是委託中大安排先人火化，我們仍然容許家人跟靈車到火化場進行火化禮作最後安排。隨後，大學會每年兩次邀請家人參與在將軍澳華人永遠墳場舉行的撒灰儀式和選擇不同撒灰方式。由此可見，人性化處理對於家屬的每個細節由始至終都給予家屬有更好的選擇，也給予合乎「無言老師」的尊重和榮譽。

其實由登記人填報參加「無言老師」捐贈計劃開始，很多家屬確實經歷很多鮮為人知的心路歷程和心理掙扎。由至親離去，讓醫科生進行遺體學習，直至通知家人參與先人的撒灰儀式，整個遺體捐贈過程才得到完滿的終結。期間醞釀過多少堅持、等待和悲痛，這只有家屬本身才能領會。我們深明家屬在履行先人遺願期間的複雜心情，所以在捐贈的流程中都希望以家屬的角度出發，盡量避免再增添他們的煩惱與哀傷。

星星之火 · 可以燎原

計劃開展前，醫學院每年只收到約兩位捐贈遺體，其餘十多二十個都是無人認領遺體。然而近四年平均超過 100 名「無言老師」捐贈者來看，這與社會對死後安排日漸開放也息息相關，但更重要的是有眾多一直為改變遺體捐贈文化方面默默耕耘的有心人。香港的遺體捐贈風氣已由過往的小水點逐漸泛起了漣漪。近年社會逐漸出現了迴響，市民亦開始明白到遺體捐贈可以真正幫助到醫科學生，而不少背後的故事更是觸動人心。

現在，遺體接收的數目不單足夠供應中大醫科生學習，更支援了標本教學、臨牀部門及政府部門的醫學教育和研究。中大的生物醫學學生和中醫學生也可以從解剖遺體中學習表皮、肌肉、血管等脈絡結構，消防處的救護員也可藉着遺體了解和練習入侵性的救護程序。其實「無言老師」計劃成立初期，我們只希望滿足本校的醫科生需要，提升學生對生命的尊重。現在的結果遠超預期，而且可以涉獵和幫助如斯廣泛的界別，我實在意料不到！

　　回想「無言老師」遺體捐贈計劃面對解剖室在各種資源不足情況下，仍然走過了不少艱難的時間，才能達至今天遺體捐贈文化在香港逐漸被市民接受。希望本計劃繼續帶來推陳出新的力量，在風雨中繼續前行。從中亦感謝歷年參與解剖教學的先人和「無言老師」，教導這群年輕醫者的重要課堂，讓他們技術更全面之餘，更能體會到「從死看生，活好當下」的意義。

延伸閱讀

1. 香港中文大學醫學院「無言老師」遺體捐贈計劃網站
2. 香港中文大學醫學院「無言老師」遺體捐贈計劃短片
3. 陳新安，伍桂麟：《無言老師—遺體捐贈者給我們的生死教育》，香港，明窗出版社，2018。

華永會將軍澳墳場的紀念花園中的「無言老師」撒灰專區。

假如 Bingo 成為無言老師

伍桂麟先生
英國註冊遺體防腐師
香港中文大學 醫學院 解剖室經理
香港生死學協會 創會會長
Facebook 專頁「生死教育」版主

別了五月初的雨水，5 月 11 日的早上陽光普照，在華人永遠墳場管理委員會（華永會）轄下的將軍澳華人永遠墳場的撒灰花園內，正進行「無言老師」的撒灰儀式。這天沒有雨水，只有淚水，因為各位遺體捐贈者為港人捐軀，每位中大的教授、醫學生、親友和華永會職員，一起在這個屬於無言老師的「浩園」內，向他們致意最崇高的敬意。

其實就在 5 月 10 日星期五晚上，剛剛就是熱播劇《鐵探》的大結局。《鐵探》劇情講述警隊明日之星，督察尚垶為救同袍，被悍匪在頭部轟了一槍，奇蹟生還後比以前更拚搏，贏得「鐵探」美譽，但後遺症不斷。只是槍擊尚垶的原來是總警司萬晞華的臥底游秉高（Bingo)。萬晞華因為與警隊高層的權鬥而背棄了 Bingo，Bingo 則因開槍誤傷了尚垶而迫使變節，但他作為警察的心志從未變改。權鬥令尚垶慘成棋子，幸得總警司程宇森幫助，誓以權鬥結束權鬥。Bingo 捨身換取萬晞華失職的證據，對尚垶進行終極補贖而中槍身亡，尚垶憤然控告萬晞華，法官竟判他是「自取其咎」。尚垶冒犯警隊官威再上訴，終得平反！可惜，後遺症已令他瀕臨死亡，但他堅持查案直至最後一天。這位「鐵探」無悔亦無愧一生！

姜皓文飾演的 Bingo，其實曾經在臨近大結局前的劇情中，委託袁偉豪飾演的尚垶為

他登記作「無言老師」的見證人，可惜 Bingo 中槍而亡，在遺體捐贈的程序上，因遺體有嚴重傷口和需要經法醫解剖下，未能如願成為無言老師。

由登記人填報參加「無言老師」捐贈計劃開始，家屬確實經歷很多鮮為人知的心路歷程和心理掙扎。由至親離去，讓醫科生進行遺體學習，直至通知家人參與先人的撒灰儀式，整個遺體捐贈過程才得到完滿的終結。期間醞釀過多少堅持、等待和悲痛，這只有家屬本身才能領會。

一般有直系親屬的先人離世後，家人可自行決定安排殯儀程序及先人身後事，並在出殯當日送達中大的醫學大樓。Bingo 媽媽仍然在世，所以在法律上，她擁有合法監護人資格，可代為決定處理 Bingo 的身後事。可是她患有認知障礙，所以缺乏精神行為能力處理 Bingo 的身後事。因此，Bingo 的情況更類似獨居人士。雖然他沒有合適後人跟進其身後事，但仍可預先委託朋友見證或由社署支援，協助他身後通知大學及辦理其捐贈遺體程序。而對於社會的一些獨居老人而言，也可選擇大型社福機構的生前規劃服務，為自己的晚晴及身後事作準備。

特別要注意，劇中的 Bingo 是一名被警方羈留的人士，當有關人士在被羈留期間死亡，便需要召開死因庭判斷並裁決有關死亡是否合法，以及展開刑事調查。因為 Bingo 在警方羈留情況底下死亡，即是他這是在接受正式法院聆訊之前已經死亡，所以但未經最終定罪，Bingo 便被假定為無罪，而有關被告人所起訴罪行將會全數被撤銷。順帶一提，在 Bingo 槍戰之中還有另外一位警務人員伍 Sir 死亡，該名警務人員遺的體，也必須進行法醫解剖以及警方的刑事調查及軍械鑑證……等等。

假若 Bingo 沒有被殺，復職繼續生活，而在日後其他情況下自然死亡的話，尚垶或 Bingo 長大後視如自己親生女的彤彤便可通知中大，委託中大在指定日子把先人由醫院送至而中大醫學院樓外的「無言老師」送別閣。親友亦可以在小花園內為先人進行簡單送別儀式。而且大樓設有「無言老師」紀念牆，家屬日後可在先人的紀念名牌前悼念及獻花。直至先人教學完成，中大同事再會聯絡代辦人安排火化。

隨後，中大醫學院還會安排每年兩次的撒灰日，通常在 5 月及 12 月左右舉行。當日會分上、下午兩個時段供家屬選擇，安排旅遊巴士在油塘港鐵站附近接載家屬前往將軍澳華人永遠墳場。在撒灰儀式開始的時候，中大教授和醫科生會先致感謝辭，然後進行默哀儀式，接着讓家屬輪流進行撒灰或宗教儀式。若果 Bingo 是撒灰儀式內其中一位「無言老師」，尚垟或彤彤便應該是最好的撒灰代表。即使有些「無言老師」的親友未能參與，中大的醫學生也能代表其撒灰，向他們的「無言老師」作最後致敬。最後石廠工人便會把先人的名牌裝置在「無言老師」的石牆上（名牌上會展示先人的黑白相和三行字——包括姓名、籍貫及生卒年）。

　　一般的「無言老師」親友都會屬意大學協助舉行悼念儀式，這會讓他們覺得整件事情有始有終，完滿結束，大學對此亦樂於幫助。為了考慮到部分家庭可能有不同的宗教信仰，故在撒灰後會預留約半小時，讓好家屬請來的道士、法師或牧師在這個時候可以進行個別的悼念儀式；而礙於中西文化各異的關係，我們亦會事先向家屬查詢他們悼念儀式的宗教取向，以盡量安排中或西式的宗教儀式在同時段進行，避免氣氛突兀尷尬。

　　即使旁人看來是微不足道的細節，但「無言老師」計劃亦會謹慎而樂意地全力協助家屬。這不只完善整個悼念喪親的儀式安排，令家人得以釋懷，更重要是表達對「無言老師」的尊重。

　　最後，真的要萬分感謝《鐵探》幕前幕後工作人員入屋式助推「無言老師」遺體捐贈計劃！我相信，日後必定有更多病人及醫護同工受惠！

延伸閱讀

〈《鐵探》Bingo 無法實現當無言老師遺願　遺體防腐師拆解無言老師製作過程〉，香港經濟日報 TOPick，2019 年 5 月 11 日。

姜皓文在《鐵探》飾演的角色 Bingo。（繪圖：伍桂麟）

動物和人的連繫與哀傷

鄧海甄姑娘

贐明會

「動・人情緣」動物晚晴及離世輔導服務輔導員

以下是一位主人寫給愛貓的信。

親愛的老虎仔：

初中時的我和哥哥正在公園遊玩，忽然下着雨，我們發現你這隻可憐的小貓瑟縮在涼亭下，後來，你緊隨着我們，我們便把你帶回家。

爸媽見到你便嚇了一跳，我和哥哥一同游説爸媽收養你，他們也無奈地接受 — 我才發現原來我和哥哥是那麼堅定及齊心。

老虎仔，你就這樣來到我們這個家了。

你是家中破壞王，但我們都只會笑着罵你，也多了話題。你吃到媽媽為你煎的魚，還去骨呢，我也想和你爭食——我才發現爸媽的耐性，感受到媽媽煮的食物是那麼美味，而這個家仍有溫情的。

我在校內給同學排擠，老師又指責我的成績不理想，當我在痛哭的時侯，你總會舔

我的手，或在我的身邊逃逃轉。在大學時，我失戀了，當時我覺得被拋棄，每晚難以入睡，你總會睡在我的枕頭上，和我分享你的體溫──我感受到自己並不孤單，因仍有你對我的肯定，對我的愛和不離不棄。

我終於大學畢業，有一次，你躲進我的畢業帽內，你似在向我表揚這是你的功勞吧！我結婚了，我帶你去一同拍婚妙照，還有小寶寶的誕生，你見證着我的成長，和我分享成就──讓我感受到我的努力是有價值的。

成長中的女兒對你很好奇，常追迫着你，捉弄你，你反而變得更溫純，也許你開始年老了；女兒有天問我：「老虎仔會死嗎？那我們怎辦？」我只支吾以對地說：「會的…（我的鼻子酸酸的，不知如何說下去了）」。女兒隨即回應我：「那我要珍惜和他的每一天，好好愛他。」──你的愛溶化了她，讓她學習去愛惜生命。

不久，爸爸證實患上癌症，我們因忙於工作，沒時間照顧他。在他休養期間，你總會伏在他的身上，陪伴孤單的他，有天，我見到你的眼神充滿失落和悲傷，怎料爸爸幾天後便離世了，那時，我才體會到當時你的難過，反而我自責未能陪伴爸爸 ─ 我體會到你比我更懂得去愛及陪伴。

一年後，你患上腎衰竭，病情不斷惡化，因我想多留在家照顧你，所以，我掙扎着應否轉做兼職工作，老公也許感受到我已因爸爸離世而十分自責，就對我說：『不用顧慮那麼多，做你此刻可以做的事，將來回想起來，你和老虎仔多一點珍貴的回憶，少一點遺憾。』連老公也被你打動了，而他的支持更讓我感動。雖然照顧你的日子很煎熬，但你每天仍自在地生活，我們一同睡覺，一同看日落，我們握手許下愛的承諾，不離不棄。最後，你是在平靜和愛之中離世，我和女兒相擁痛哭。在告別禮中，我和女兒一同煎了你最喜愛吃的魚給你，還準備你喜歡的東西。女兒問我『你去了哪裏』，其實我也不清楚，但我相信你已去了一個自在舒服的地方，你會像天上的白雲一樣，繼續守護着我們。

老虎仔，在這 17 年，感激你在我們的生命中出現，你就是我們這個家的守護天使，是我們的家人，陪伴我們經歷人生高低起跌，連繫了我和家人之間久違了的親情，讓我們感受到無條件的愛及不離不棄，更教曉我們去愛，去尊重及愛惜生命，你在病痛之中仍活得坦然自在，讓我領會到我們不應只活在病苦之中，生活是如此簡單，活在當下同樣重要，死亡更不能隔絕我們彼此間的愛，你給我們上了生死寶貴的一課。我們有不捨，也有愛，所以才會難過流淚，但我們同樣有感激，感激你留給我們的愛，好讓我更有勇氣去把這份愛延續下去。

永遠愛你的姐姐

「動物」和「人」的故事就是如此「動」「人」，他們就如我們的家人，在人生中有着很重要的意義。所以，面對他 I 患病及至離世，我們會很無助及傷痛，同時也影響着我們的生活。當毛孩病重或離世，我們可如何面對呢？當親友面對這些情況，我們又如何關懷他們呢？以下都是一些建議：

當毛孩病重時，我們可以……

- 考慮毛孩面對疾病的各方面需要（如：生活質素，心靈需要），同時考慮自己照顧毛孩的狀況（如：獨力照顧），和家人商討，共同分擔；

- 尋找合適的資源（如：合適的獸醫，動物善終公司）；

- 接納自己有限制，並做了當刻可以為他做的事才是重要，肯定自己的付出，而非抹殺你和毛孩之間珍貴的回憶。

- 累積生活點滴，活在當下。

當毛孩離世後，我們可以……

- 容讓自己流淚、無助及自責等不同的情緒，這是很正常的反應，也代表着愛；

- 按自己舒服的步伐或方式去抒發情緒及適應生活（如：處理遺物的方法及時間）；

- 不要急於做一些重要的決定（如：再養另一動物，扔掉遺物），這可能進一步抑壓傷痛，令傷痛未能合適地處理；

- 和信任的人（如：有相似經歷的同路人）連繫及分享，減少孤單感；

- 以不同的方式去思念毛孩，建立心靈上的連繫，並在生活中延續他的愛和精神。

當關懷經歷動物離世的朋友時，盡量不要說……

- 「養過另一隻就會開心返，就不會傷心。」

- 「只不過係隻寵物，仲慘過死咗屋企人。」

- 「見你照顧佢都好辛苦，佢走咗係解脫，你可以有返自己的生活。」

- 「佢都咁長命啦！你唔應該咁唔開心。」

- 「時間可以沖淡一切，好快會唔記得傷心的事。」

- 「佢都想你開心，你要堅強積極，否則佢都走得唔安樂。」

- 「我明白你的感受。」

結語

　　生命影響生命，動物雖小，但這小小的生命卻很有感染力，他們和人的連繫充滿歡樂和感動，而別離則同樣充斥傷痛和無助，那份沉重猶如親人離世一樣，只因有多愛，便有多痛。曾經歷動物離世的我感同身受，更感受到這份哀傷不易被社會人士所明白，我衷心感激同路人及離世了的毛孩，讓更多人體會到那份「動」「人」的愛，重拾人和人之間被遺忘了的情，並延續在我們的生活之中。

* 在這文章中，會以「他」（取替「牠」）去代表動物的稱謂，因動物就如同我們的家人一樣。

延伸閱讀

1.　贐明會編著：《贐心‧陪伴》，香港，贐明會，2017。
2.　麗塔‧雷諾斯：《陪牠到最後》。廖婉如譯。台北：心靈工坊文化，2005。
3.　三浦健太著，熊瑾陵譯：《狗狗教我的事 —— 我想跟你永遠在一起》，日本，采實文化，2015。
4.　寶總監：《彩虹橋》，台北，時報出版，2017。

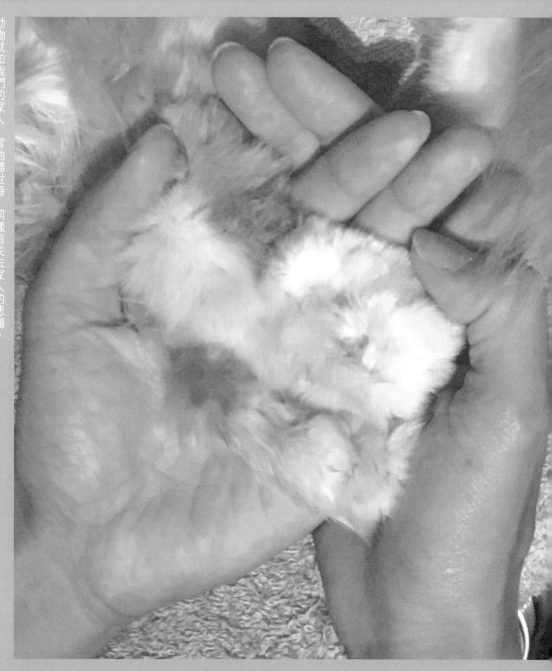

動物就如我們的家人，當他離世時，同樣有失去家人的悲傷。

24 周以下流產胎是醫療廢物？

謝美兒博士

「小 BB 安慰關注組」發起人
國際正向心理學會會長
美國綜合心理研究學會顧問

流產對父母的心理影響巨大，從文獻中可看到大概有 15% 至 20% 的懷孕最終是流產，而且父母隨後會有不同的情緒反應，包括失望、內疚、失落、挫敗、否定、焦慮、情緒抑鬱、空虛、哀傷、悲痛、對自己感生氣，甚至造成心理創傷，對懷孕感到焦慮，影響婚姻關係，亦可能造成家庭系統中的情緒問題。這亦會是社交中的禁忌（taboo）：許多父母會視流產或終止懷孕等等為家中的醜事，有不少父母總會覺得失去胎兒多少是自己的責任，特別是父母常會有自責或內疚等情緒，多數避而不談。可是我們卻同時看到許多曾經流產過的媽媽，盡管事情已過去甚或已事隔多年，一談到失去的胎兒都會即時落淚，甚至有些説不想再生育。

另外，現時少於 24 周流產胎兒，遺體會由醫院或診所根據《廢物處置條例》第二條被視作「醫療廢物」，與其他人體和動物組織，交由環境保護署規管的持牌收集商收集和運送到「化學廢物處理中心」一併處置。經過實驗室化驗後，他們會把流產胎兒放進黃袋，與紅袋等醫療廢物一併被焚化及處理。

很多父母如果看到自己的孩子被當醫療廢物處理，想到被置到堆田區或不知那裏去，更是欲愛而不能，心如刀割，其實是第二度傷害，可會造成長遠的心理創傷。香港

其實流產情況普遍，所以我相信如果我們的社會和政府能協助這些父母以人道方式處理這些流產胎，實在是社會的進步。這不但有助這些父母減少各種的負面情緒和問題，也或能使媽媽們免於對懷孕的焦慮，幫助整個家庭系統得以順利過渡正常生活。

香港的流產數目在過去多年每年平均過一萬宗。每一宗合法終止妊娠的個案都代表着一個流產胎兒的產生，即每年可會有大約近萬的媽媽或家庭受影響。縱使構成這些數字成因複雜，但我們的社會實在有需要與時並進，並盡快使這些小生命得到最基本的尊重。

香港看似是一個繁榮進步的地方，但我們沒法想像在香港原來每年會有這麼多的流產胎受到這樣的處理。除非人們不知道或沒有留意，一般市民相信也不會接受到現時的做法。

小 BB 安息關注組（Little Baby Concern Group）

在 2017 年 5 月 20 日，香港發生了有父母（Angela 和 Kevin）不能取回不足 24 周流產胎事件而引發社會的關注，於是我 同年 5 月 23 日發起了一個 Whatsapp 群組關注事件，短短兩天之間，召集了 18 位來自社福、教育、商界、心理輔導、醫護等界別的有心人，其中有天主教寶血會丘淑儀修女、泰國法身寺中道禪修學院導師陳燕雯和基督教鄧鋭坤牧師。隨後亦有天主教香港教區陳志明副主教，以及新聞中的流產父母 Kevin 和鍾先生等等有心人士相繼加入，使到這個關注組更有助力。

雖然我們的職業背景和信仰不同，但感覺一致的，就是對於失去生命的胎兒被視作醫療廢物處置，感到難以接受、非常難過。我們一眾人的心願是讓失胎父母得安慰，也讓所有失去生命的胎兒得到基本的尊嚴。

這些小生命雖然少於 24 周，但同樣是一個人，生前同樣有感知、有生命、有靈魂，因此其遺體必須被尊重和以愛護的方式處理。我們明確給關注組定位為「小市民」，意思是來自民間的聲音，以政治及宗教中立為取向，並對政府和社會進行理性務實的倡議行動。

在不同的學術文獻中，包括關於流產父母的心理需要，以及其他國家的做法，我們發現許多地方如美國、澳洲、法國、意大利、德國、英國、新西蘭和越南等地的父母都可為這些未滿 24 流胎兒建墓。我們認為這反映了人文精神的發展，對生命的重視程度，也認為香港實在有需要就着本地的文化背景和社會需要來去建構適合的處理方式，於是我們隨後翻查了全港的墳場區，更有進行多個實地考察，先後到天主教香港柴灣哥連臣角的天使花園、鑽石山撒灰紀念花園，以及和合石橋頭路靈灰安置所等墳場區進行資料蒐集，分析和建構合適的處理方法，並多次以建議書方式去信特區政府和相關部門，對政府官員和立法會議員進行倡議。

在 2014 年 3 月，英國有醫院被傳媒發現有至少 1.55 萬個流產胎被當醫療廢物焚化來發電，事後被英國衛生部禁止了，並隨後進行改革，更新所有流產胎的醫療及處理指引。就香港的情況，我們看到問題不是在於前線執行人員，而是這樣的法例和做法實在不合倫理標準也過時了，於是我們不斷去信政府要求盡快啟動內部的行政機制，用「由上而下」的方式，帶領各部門一起去商討如何排除萬難來安慰失去胎兒的父母，不要再受心理傷害。期間我們進行聯署，不斷向不同界別人士和宗教領導遊説，包括香港佛陀教育協會及釋淨空（淨空法師）等社會人士，並在 2018 年 6 月 28 日把聯署行動延續，以智能電話網絡（Whatsapp 方式）發出聯署邀請，至同年 9 月，我們收到有超過一萬位來自各界的朋友聯署。他們來自不同的宗教信仰，93.6% 人士願意告訴政府及議員他們的職業背景，當中包括了不少的父母、教師、護士、醫生、社工、工商界人士、藍領及白領等的有心人。

就表達我們的想法，我們多次與政府部門和議員開會和交涉。在會議中，我們堅持立場：

（一）我們對於把未滿 24 周的流產胎兒以「醫療廢物」的方式處理，感到難以接受，亦很難過；

（二）我們一致認為香港理應是文明的社會，不管流產胎是多少周，也不管父母有

沒有能力認領，政府都應以人道方式處理所有流產胎。

我們認為這些做法未能與時並進，不管是前線的工作人員或普通市民，都會對此感到非常不安和難過。我們特別關注這些失胎父母，當看到自己的孩子未能獲得如其他人一樣的妥善處理，其實是再進一步造成長遠或甚至永久的心理創傷。最後一些官員向我們說，他們都希望能以「人性化」方式去處理這個社會問題，其後亦看到食衛局、醫管局、食環署、法律政策和建築署等涉及多個部門，為着流產胎的問題處理進行多次跨部門會議嘗試去解決問題。

在 2018 施政報告中，特首林鄭月娥表示：「對於流產胎的父母，充份明白他們在安排妥善火葬或土葬的過程中可能遇到困難而產生憂慮和不安。」「政府正研究如何整全地改善有關安排，包括提供設施，就此食物環境衛生署和醫管局已實施多項行政措施便利流產胎的處理。」這是政府第一次公開確認了流產父母的感受和需要，為尊重生命踏前一步。當局及其他私營墳場在近年亦開發了更多的流產胎安置場地，以提供足夠的服務。至於提供火化流產胎等服務方面，政府已答允我們會通盤妥善籌備，書面回應將會「全力以赴積極跟進」。

從安葬中反思社會價值

什麼是生命？生命從無到有，到有靈魂、有個性、有感知，這不是上天給人們的奇蹟嗎？每一個胎兒無論是生或死的，始終是有感知的小靈魂，也是父母的寶貝。 對於流產父母來說，就算胎兒失去生命，也是他們的孩子。我們認為從受孕的一刻開始，每一個人的生命都應受到絕對的尊重。他們不可能是醫療廢物！我們希望透過安葬而喚醒社會對生命價值的反思。

我們希望——

我們希望所有小 bb 可以得到愛和被尊重。

Hope all these babies are loved and respected.

我們希望所有父母能夠學習到愛。

Hope all mothers learn to love, and fathers do too.

我們希望社會上的每一個人也同樣能夠學習到愛

Hope all people in our society learn to love.

我們希望到訪的每個小朋友將會透過生命教育而能夠學習到愛。

Hope our children who visited this Garden learn to love.

我們希望埋葬在這裏的小 bb 都能感受到愛和在平安中安息。

Hope all babies buried here are loved and rest in peace.

參考資料

1. 香港電台《鏗鏘集》：〈走過凡間的天使〉
2. 小 bb 安息關注組：〈關注少於 24 週流產胎的處理〉，立場新聞（社會版），2018 年 2 月 15 日。
3. 香港電台公共事務組「千禧年代」：〈議員促請為不足 24 周流產胎設紀念花園〉
4. 〈無法領死亡證 母哭説：連人的身分也給不到 不足 24 周流產胎 無奈當寵物火化〉，明報，2018 年 6 月 17 日。
5. 李玉嬋、章薇卿 . (2007). 醫療諮商對喪親者提供悲傷輔導的多元向度～胎兒處理，告別儀式到悲傷療癒花園追思會 . 諮商與輔導 , (264), 49-55.
6. 林綺雲 . (2009). 癒花園 - 失落，悲傷與生命轉化的心靈花園 . 諮商與輔導 , (281), 53-60.

華永會轄下首個為未滿 24 周離世胎兒提供埋置或撒放骨灰服務的花園，並名為「寧馨園」，意思是紀念美好的孩兒，設於荃灣華人永遠墳場（荃灣墳場）內。

青年自殺與香港教育

黃瀚之先生
中學教師
香港教育大學客席講師
香港撒瑪利亞防止自殺會理事
「港師」IG 版主

可曾想過身邊人可以突然離開？這個他或她，可以是旁人眼中前途無限的有為青年。筆者身邊曾有一位成績名列前茅的準醫科生自殺身故，身邊的親悲痛不已，事件亦引起社會關注。

2011 至 2016 年，香港每年約有 20 至 30 名 10 至 19 歲青年自殺死亡。2017 年更有 36 名青年自殺死亡，自殺率為 3.13（即每 10 萬人中有 3.13 人死於自殺），男女比例為 3.3 比 1。

縱觀全球，其實不同的國家或地區的青年自殺率差別可以很大，由 0 至 20 幾不等，但我們應如何解讀這些數字？作為一個人，我們不希望見到任何人自殺離開，所以請不要因為數字低於某某地區而輕視自殺的問題。事實上，自殺死亡人數往往只反映問題的冰山一角，因為這個數字往往遠低於正受自殺問題困擾而掙扎求存中的人數。

青少年自殺的原因十分複雜，並非一般人想像因絕望而一時衝動。自殺的觸發原因甚多，例如家庭生活長期不和諧、父母關係出現危機、朋輩關係破裂、個人性格比較脆弱、無法應付及處理包括學業前途等問題、甚至受情緒病困擾，例如抑鬱症等。研究指出青年

自殺多見於步入青春期以後。這個階段，青年面對很多成長帶來的轉變和挑戰，例如：因尋索自我形象或生理上的轉變，以致情緒較不穩定。然而，我們難以將青年自殺問題歸咎單一原因，亦不宜草率地排除某些原因。根據傳媒紀錄數據，2017 年香港 20 歲以下自殺原因的統計，主要的首三項原因，分別為：學業、生活不開心及情緒病。

　　教育對青年的身心健康有重大影響。身為前線教育工作者，眼見香港學生在每個學習階段都面對相當大的壓力，實在痛心。在很多家長心中，「贏在起跑線」中的「贏」，就是子女能入讀優秀的高等學府，取得「神科」的學位，並在畢業後取得一份高起薪點的「筍工」。然而，這是否就保證了人生的成就？ 通往成功的道路，是否僅此一條？ 更重要的是這條路是否青年人心中想走的路呢？無論如何，在此氛圍下，由幼兒班到文憑試，由興趣班至公開比賽，由琴棋到書畫，家長每一刻都為子女的「贏」鋪路。家境良好的，要贏得漂亮，大多會選擇安排子女入讀國際學校。入讀國際學校並不代表輕鬆，學生參與課後諮詢（consultation，功能類似補習）漸成常態。筆者親眼見證有青年應考 IB（International Baccalaureate，一般國際學校考生選擇的公開試）那年壓力爆煲，需要尋求醫生協助。一般家庭，子女被安排入讀本地學校，面對幼稚園面試，小學呈分試，中學文憑試，壓力就自然不言而喻。如果小學就讀所謂的 happy school，升中後，一切回歸公開試主導的現實，學生就可能需花上更多精神和時間去適應。

　　香港教育界近年提倡持續性評估及發展多元智能，SBA（School-Based Assessment 校本評核），OLE（Other Learning Experience 其他學習經歷）， SLP（Student Learning Profile 學生學習概覽），OEA (Other Experiences and Achievements in Competitions /Activities 比賽／活動的經驗及成就）等將校內校外表現與升學掛鈎的政策應運而生。為滿足考評局對學生 SBA 及 OLE 的要求，學校的確為學生安排多了課業和課外經歷。為了讓學生的 SLP 及 OEA 更「亮麗」，學校或家長更會安排他們參加校外的比賽，希望他們多拿一些獎項。

　　然而，這一切都代表學生需花上更多時間精力在校內校外爭取好成績。清早便要上學，接着參加課後活動，例如球隊練習、樂隊練習、預備比賽……傍晚補習，晚上做功

課，溫習校內測考。諷刺的是持續性評估本意為減低學生公開試壓力，但 SBA 的分數卻會根據公開試成績作調整。換句話說，公開試成績依然是考核制度的核心，學生應試之餘還需要應付更多課業。很多青年面對這些由學校、家長安排下的日程，終日營營役役，學習的目標，就是為了不用再學習。這是多麼可悲的現象！

家長、學校，以至社會都希望將「最好」的給年青人，但有否設身處地去了解眼前的年青人心中的所求所想呢？ 我們容易將自己的價值觀和想法強加在青年身上，甚至以為自己的見解就是真理。 特別在學業、前途等敏感話題上，兩代人的溝通往往產生張力，或最終為了減少衝突而演化為各自表述的狀態，兩代關係漸漸變得疏離。

根據自殺的人際理論（The Interpersonal Theory of Suicide），歸屬受挫（thwarted belongingness）和自我累贅感知（perceived burdensomeness）是造成自殺念頭的兩大心理建構。歸屬受挫代表個人感到孤獨寂寞，在情感上與人疏離。得不到身邊人的支持，與親人關係不和都增加了青年人的歸屬受挫。同時，假如青年人未能達到家人和師長的期望，若不是放棄，就會選擇繼續努力掙扎。努力，不達標，再努力，還是不達標，情緒也受影響。當青年人感到自己是家庭或學校的負累時，自我累贅感知亦會出現，自殺念頭有機會由此萌生。失去與他人連繫加上失去自我價值的無力感令人透不過氣。

若然我們能明白青年人正身處於這樣的大環境下，我們自然不難理解他們所面對的困境。年青階段的人生目標似乎就剩下「進大學，讀神科」，看似多元，其實單一。難怪青年人會感到自己苦無出路。 事實上，自殺不會是一個人的第一選項，而是一段經歷過後的無奈抉擇。假若我們身邊遇到受自殺問題困擾的年青人，我們必須記住以下錦囊——「自殺者渴望被理解痛苦，而非否認痛苦的存在。」 他們需要被聆聽和出自同理心的接納，而非意見或「正能量」。自殺是人對生存的最後呼喊，願更多人關注青年自殺問題，關注香港的教育狀況，撐起香港的下一代！

社區資源

- 香港撒瑪利亞防止自殺會 24 小時求助熱線（23892222）

- Chat 窿——文字情緒支援及防止自殺聊天服務 （https://www.chatpoint.org.hk）

- 香港撒瑪利亞防止自殺會——自殺危機諮詢專線 （23191177）

參考資料

1. 香港撒瑪利亞防止自殺會 . (2018). 2017 年香港自殺死亡人數統計分析 [Press release]

2. 香港撒瑪利亞防止自殺會 . (2018). 香港撒瑪利亞防止自殺會 2017 年年報 . Retrieved from https://www.sbhk.org.hk/images/small/%E9%A6%99%E6%B8%AF%E6%92%92%E7%91%AA%E5 %88%A9%E4%BA%9E%E9%98%B2%E6%AD%A2%E8%87%AA%E6%AE%BA%E6%9C%83%20 2017%E5%B9%B4%20%E5%B9%B4%E5%A0%B1%20(%E7%B6%B2%E9%A0%81%E7%89%88).pdf

3. Wasserman, D., Cheng, Q., & Jiang, G. X. (2005). Global suicide rates among young people aged 15-19. World psychiatry : official journal of the World Psychiatric Association (WPA), 4(2), 114–120.

4. Roh, B. R., Jung, E. H., & Hong, H. J. (2018). A Comparative Study of Suicide Rates among 10-19-Year-Olds in 29 OECD Countries. Psychiatry investigation, 15(4), 376–383. doi:10.30773/pi.2017.08.02

5. Van Orden, K. A., Witte, T. K., Cukrowicz, K. C., Braithwaite, S. R., Selby, E. A., & Joiner Jr, T. E. (2010). The interpersonal theory of suicide. Psychological review, 117(2), 575.

6. Sabbath, J. C. (1969). The suicidal adolescent: The expendable child. Journal of the American Academy of Child Psychiatry, 8, 272–285.

延伸閱讀

1. 賴佩瓊：《「青少年與自殺」家長手冊》，香港，香港撒瑪利亞防止自殺會，2013。
2. 林少峯：《自殺？他殺？青少年為何走上絕路？》，台灣，中華書局，2016。

歸屬受挫
Thwarted Belongingness
「我感孤獨」

自殺慾望
Desire for
Suicide

自我累贅感知
Perceived Burdensomeness
「我是負累」

自殺能力
Capability
for Suicide

致命自殺企圖
Lethal Suicide Attempts

生死之旅

第四章

李展華先生

香港教育大學 國際教育學系 高級講師
宗教教育與心靈教育中心 聯席總監

在大學推行生死教育由嶺南大學黃慧英及中文大學陶國璋、張燦輝和梁美儀等開始，成為大學通識科的一部分。香港教育學院亦跟隨之，在通識科開辦「生與死」課，本人有幸接手任教此科多年，由每年一科至每學期一科，就讀的學生都踴躍非常，看來確反映了大學生對生死問題的興趣。可是，課堂正規學習有其先天限制，本人近年開拓生死教育學習團的新猷，期望推行觀摩體驗死亡的學習及參訪在香港不易接觸的生死相關景點和生死教育的典範。2019年 4 月 16 日至 24 日便帶領一批本科同學去台灣去，並邀請伍桂麟先生為顧問同行。結果他為孩子在假期得到父母照

第二屆台灣生死教育學習團的海報

顧，決定和妻子 Winnie（她亦是香港生死學協會義務行政總監）帶同三歲的女兒淇淇同行。於是我團充滿一份難得的生氣，正是淇淇這個小天使帶給我們的。

本人籌辦的學習團一般有兩個目標，一是讓學生學習如何籌備及帶領學習團，二是讓學生分組對四個主題作深入了解。

以 2019 年的台灣團為例，我首先找到四個熱心的同學當籌委，她們由設定行程、宣傳、面試、編輯團刊，並主持行前集會到與進入各自的小組內和組員準備選定的一個生死課題做資料搜集和滙報，以致一同在行程中支持每晚的交流會等，確是領導才能的訓練機會。

主題方面我確定了四個：

（一）情感衝擊大的死亡體驗活動及拜訪一個在台中出名的自殺防治中心；

（二）智性挑戰大的政治及歷史角度看死亡：台灣的二二八事件及鄭南榕之死；

（三）思考不同宗教看生死；

（四）觀摩台灣著名的生死教育範例。

現在，讓我把此四主題的重要性及關係作一理念上的整理，再把是次學習團的效果略作交代。之後各篇正是各組同學的一些反思。

仁德醫專生命關懷科

要讓一個健康而對未來充滿憧憬的大學生停下來思考，若有絕症而明天要死的極限狀態，靜靜地為自己寫下遺書（究竟寫給誰？寫什麼？）和墓誌詺（我的一生有值得紀錄的嗎？），並向團友孤獨的讀完它，走到自己墓前，然後在陪伴自己的團友旁躺進棺木

裏，聽着同伴關上棺木的敲打聲，聲音讓你進入一個極清醒而孤寂的幾分鐘，你會想到什麼？

仁德醫專生命關懷科的導師

以上是我們找到被台灣生死教育界推為體驗死亡活動做得最好的苗栗仁德醫學專科學校的生命關懷科的半天至一天活動的部分內容。去年還加上模擬喪禮一段，然後才有交流活動，整理所得。只要有恰當的氣氛營造，充分的各部分活動的時間，以及到位的引導，同學很容易認真地進入自己的生命回顧空間，認取那些珍惜和難捨、後悔和感恩的種種人事，在講自己和聽別人講自己的穿插下，我們一起知死而慶生。那一刻，往往聽到哭喊聲，為生命留下當刻的震撼。

山海屯國際生命線協會

山海屯國際生命線協會的職員各志工為我們分享經驗及心得

第二天我們拜訪台灣 1995 自殺防治熱線在台中的負責機構山海屯國際生命線協會，我們明白自殺可以從不同的角度去了解，但若有輔導員親身講述怎樣聽出求助者的需要，以致如何把需要的層次及緩急分類，倒是我們同學最感震撼和得着之處。究竟我們這個冷漠的忙碌社會，是怎樣讓求助者找不到願意停下來用心聆聽的親友呢？我們同學都有以上反思，從而對自己要成為好好的聆聽者支持者作更好的準備。

二二八紀念館

　　作為社會的公民，如何理解和紀念歷史中的死亡事件和人物的意義呢？為什麼我們要紀念南京大屠殺和烈士如秋瑾及黃花崗七十二人？以致要談六四或謝婉雯醫生？社會及國家的重要記憶中有這些人和事，卻往往因政權立場而判斷其為烈士或暴徒，及事件之必需紀念抑或遺忘以致扭曲。此乃公民教育中重要的歷史使命課題。今次專誠到台北找到兩個值得香港人思考而有所衝擊的案例：二二八事件及因反抗當年國民黨限制言論自由而自焚明志的鄭南榕。

　　為何選二二八事件？在兩岸四地的近現代史中，由政府為過去犯下的濫殺公民而平反，向死難者家屬賠償，組織真相調查委員會以致建立紀念館教育社會下一代的，相信只有台灣的二二八事件。文革後巴金曾呼籲建立文革紀念館，今天呢？所以到台北二二八紀念館正可了解當時 1947 年的事件及其後的白色恐怖如何令威權政府站穩陣腳以致在公民的被噤聲。同時，公民又如何前赴後繼地一步一步地為社會民主化和開放而努力。如何講述二二八的故事，讓真相不被現實政治扭曲，仍有待觀看和聽導賞的同學好好小心領受。香港人身在溫室太久了，是時候拓展視野，把二二八的事件及其後台灣公民的經歷好好琢磨一下：香港在哪些條件下會出現自己的二二八事件呢？將來的威權政府會怎樣訴說這故事？在這脈絡下了解鄭南榕的故事便較合理了。

　　鄭南榕在 1989 年自焚，那年香港人無暇留心海峽對岸的故事，我們心繫北京六四。由於鄭是為了呼籲平反二二八，以致抗議台灣執政國民黨的壟斷言論空間而提出要百分百言

到訪二二八紀念館，了解事件的背景。

論自由，直至自焚明志，引起當時黨外社會乘勢衝擊國民黨統治權威之時，後者便盡量抹黑及減輕鄭自焚而死的社會震撼。是的，一個默默無聞者的絕食或自焚好快將被人遺忘，所以鄭之在當時台灣社運界的政治魅力或成為其後為何可以變成獨特的政治符號，為反威權人士一直借用。由於紀念館保留鄭自焚時的辦公室，參觀者所領會的震撼是讀二手資料所不能取代的。我們的導賞員只是剛畢業的大學生，但她能有效而細緻地將鄭的故事，以致自焚那刻發生的事都一一告之，確為鄭的一生說活了。

為何一個公民要捨命爭取自由呢？難道不值得每個公民思考死和生的意義嗎？

世界宗教博物館

台灣有個美麗的地方，是宗教的社會教育醫療服務非常蓬勃，且不乏跨宗教的包容及世界視野。新北市的世界宗教博物館正是由一佛家法師發願而籌建的事業，其中有個各宗教如何看人的一生各階段的場館，正是我們同學參訪的所在。宗教和生死有特別的關係，從不同的文物背後，我們看到傳承及儀式對人類

世界宗教博物館的入口處的水幕牆，可以把手置於一道水牆中，在進入朝聖步道前，進行象徵性的潔淨儀式。

的重要性，亦看到不同宗教文化所想像到的生死世界。人是苦難和有限性如何給安頓，相同每個有心人在靜靜地在凝視展品時或有所得。

生死教育

到了第四個主題，生死教育，主要是考察在台灣的兩個表表者：社會教育層面的三之三花花姐姐親子體驗館，及學校層面的松山高中生命教育課。

三之三基金會是致力在台推動生命教育的公益團體，旗下的花婆婆繪本館的名字出自感人至深的繪本故事花婆婆。現在，花姐姐也在開展自己的生命教育事業。我們在花姐姐繪本館安排了由三之三生命教育基金會執行長葛惠老師的演講，她從自己的家庭故事開始訴說孩子生命的脆弱和堅持，以及繪本的多元意義和用途。教育是人的交心活動，我們團友看到一個如何從自己人生及學習中積累生命教育能量的師傅的典範，受教了。

　　親子及幼小程度的繪本生死教育究竟有什麼原則，有哪些出色的繪本故事可以介紹？我們在這參訪獲益不少。

　　最後，我們專誠拜訪台北的松山高中，它是培養品學體三優的名校，其生命教育課程在著名生命教育中文老師劉桂光及其團隊的帶領下，成果斐然。一間高中有活體動物如不同品種的爬蟲類、昆蟲及小動物，由受訓的學生全年輪值照顧，包括面對其生和死，將是一種怎樣的生命教育？這高中便有這種創意和魄力讓老師開發自己的生命教育可着力的學科園地。除此之外，自然是高中各級必修的生命教育課，其中生死教育是必備的內容。劉老師為我團特別示範一種互動及反思性較強的生死學堂。

我們與三之三生命教育基金會的導師交流，獲益良多。

得到台北松山高中的校長及老師接待，進一步了解他們的生命教育課程）。

香港教育大學主力培訓老師，我們的團友雖然有部分來自非師訓類課程，但畢竟大學教育在裝備有人文素養的未來公民及教師時，生死教育是一份非常重要的基本課。問問我們的團友，她們學到什麼？

走出去，為的是回到自己

走出去，為的是回到自己，回到我們每個人正在經營的日常人生，領受了對處於人生邊緣的自己或別人的呼喊，成為公民的紀念和被紀念的意義，扣問死和苦難的宗教，以及怎樣把生死問題和社會大眾及下一代對話，回程後，回到熟悉的自己和世界，會否也換了一種看法和活法？

延伸閱讀

1. 余德慧、石佳儀：《生死學十四講》，台灣，心靈工坊，2003。
2. 林綺雲主編：《實用生死學》，台灣，華格那企業，2014。

白色恐怖相關書單

3. 內田麟太郎、高巢和美：《可以哭，但不要太傷心》，日本，大好書屋，2016。
4. 林少峯：《自殺？他殺？青少年為何走上絕路？》，香港，中華書局，2016。
5. 林綺雲、張盈堃：《生死教育與輔導》，台灣，洪葉文化，2002。
6. 《死神九問》，香港電台電視部製作九集節目，2015。
   （詳細書單參見：http://2010greenisland.blogspot.com/2010/04/blog-post_4151.html?m=1）

與同學來一場生死之交

陳寶蓮博士
香港教育大學幼兒教育學系高級講師

生與死的教育

縱然生與死由不得人去選擇，中間的空間卻是可以計劃和操作的。「生死教育」的其中一個意義就是去探索如何深化生與死中間的意義，增加其厚度和分量，甚至把「生命」的意義延長於「死亡」後，能不枉此生。

忙得不知死活

2018 年 3 月，香港教育大學首次舉辦台灣生死教育學習團，從宣傳、招生到成團，同學的反應十分踴躍。最後伙伴了廿幾個充滿熱情、來不同年級、學系、生活經歷的大學生、舊生和老師，帶着疑問，浩浩蕩蕩地去台灣，看看這個國家如何去發展生死教育。出發前安排了不少與主題相關的活動，但不少同學都因為生活中許多繁瑣事務而不能出席。直至大家跑上飛機，放下工作，完完全全地沉浸在台灣，才能專注地去回顧生命，反思死亡。

捨身取義的矛盾：台北二二八紀念館和鄭南榕記念館

「死亡」在戰爭和政治運動中是大幅的，也似乎是必然的。台北二二八記念館以多媒體方式展示抗爭和大屠殺的原始片段，令人感到政治運動的威力。閱讀每一位政治領袖的故事和遺物，加上講解員以第一身的憶述，奮起抗爭，為義犧牲，為國捐軀似乎是理所當然的。參觀鄭南榕被燒焦了的辦公室，他的從容就義，引發了不少政治的詮釋和點評。參觀後，同學們熱熾熾地討論為政治而死的價值。「成者為王，敗者為寇」，政治犧牲的成功是沒有保證的，死亡的價值和意義往往是由後人賦予的。當晚，我們以角色扮演方式去代入犧牲者，近距離理解抗爭中不同持分者的感受及死前的抉擇。原來站在死亡面前，要籌算的不單是對個人的事情，也影響有着家人和愛自己的人的生活，原來我們的「生命」不是一點而是一個多面的立體，「珍惜生命」的意義就更多重了。

「活着」的死亡體驗：仁德醫專參觀

參觀仁德醫專是同學最期待的，因為

這是鄭南榕女兒表達對爸爸的思念，以及欣賞，就像太陽一樣溫暖。

二二八紀念館門外，市民對事件犧牲者的的憑弔。

能「安全」地經歷「扮」死，寫遺書、鋤墓碑及入棺為安的歷程。作為陪伴者，雖然已估計同學在這個逼真煽情環境下的反應，但當同學真切地交待身後事時，又讓我進一步了解他們對生活的感受、對「前半生」的愛與怨。同學都認為唯有透過這樣逼真的模擬情境，才能真真實實地去思考「道別」。除此之外，還有一個模擬喪禮的環節，同學們在靈堂摸有着棺木去分享與「逝去」老師的相交，說了很多在日常生活中鮮有的讚美感謝語。活動後與當地人談起這個震撼的死亡體驗時，他們的反應竟是「死就是死呀，有需要去經歷嗎？」這一問回應瀟灑俐落，

仁德醫專死亡體驗內的模擬喪禮靈堂

仁德醫專死亡體驗內的殯葬產品

無拘無束，難道這是生命教育的成果？「模擬」死亡的目的是什麼？為了令人坦白真誠地跟自己和別人說說話？體驗活動的強烈感受究竟能持續多久？人們離開開了這個人工製造的環境，是否仍能保持那份對人對自己坦誠的勇氣？

美麗的再見：生命關懷事業

墓園彷彿是一座金碧輝煌的宮殿

貴價靈位買賣

華麗的喪禮靈堂

看得見的善行：花蓮慈濟醫院與慈濟大學

慈濟是一間佛教醫院，對病人的照顧無微不至。硬件方面，醫院環境溫暖舒服，軟件方面，慈濟的志工能以仁慈及溫柔的態度照顧病人及接待家屬。所有設置都是以病人為先，例如有特別的房間給瀕死的病人和家屬作最後的道別，有休息的房間讓正在做手術病人的家屬得知手術的進展情況。醫院也同樣以仁慈對待醫生，牆上貼滿鼓勵的説話，飲食也特別安排，以人為本的觀念很重。同學又是一番羨慕，討論着在香港醫院的負面經歷，醫護團隊行動節奏急速，來去匆匆，病人是一件一件的工作，病人的家屬

對病人的照顧無微不至

茶道和書法課室

的感受也沒有好好地被照顧。此外，訓練醫生的慈濟大學的課程也令同學欣賞，課程包括有茶道、書法道等必修課，從非學術的領域去發展一個人。反思教育大學雖然也有運用靜觀、社會服務等方面去培育學生，但忙碌中同學都不能好好地享受學習，反而是忙於完成功課。因此社會的生活模式和風氣，才最影響人能否在忙碌的生活中擠出時間和空間靜下來。

整個旅程是一堂生死教育課，有意義地談生論死，親密切身的對話，淚水的釋放，令同學間彼此深入認識，尋找生命的意義，這是旅程中很大的得有着。

延伸閱讀

1. S.J. Scott、Amit A: *Happier Human: 53 Science-Backed Habits to Increase Your Happiness*

殯葬，死亡體驗與送行者

林己惠
香港教育大學
創意藝術與文化榮譽學士 四年級學生

顏婧諾
香港教育大學
視覺藝術教育榮譽學士 四年級學生

盧志婷
香港教育大學
人類與組織發展榮譽文學士 四年級學生

李嘉慧
香港教育大學
視覺藝術教育榮譽學士 四年級學生

位於苗栗的仁德醫護管理專科學校是當地其中一所職業專科學校，也是台灣少數學院設辦有關「殯葬禮儀師」培訓課程，並提供死亡體驗活動，也設立了臨終關懷教室。

作為外客的我們，既懷有着期待，也滿滿的擔憂，這一種矛盾心情來到這所學院進行參觀。教學大樓門前的一對對聯寫

仁德醫專教學大樓門前的一對對聯

道：上聯「貪生怕死請走他路」、下聯「養生送死得入此門」、橫批「關懷生命圓滿人生」的校訓，可見學校明言對該科學生的要求，如若他們並未準備好，就請別來。

跨過大門，走進一課室內，等待我們的不是熱切的歡迎，而是三位躺在牀上的假人，原來它們正身負重任，就是作為殯葬課程考試的模擬遺體。老師們為我們介紹了其中考試內容，就是不同喪禮的程序及為遺體穿壽衣的步驟，可見當中實在毫不簡單。再到其他課室走走，當中的設置跟我們所想像的有很大的出入，如有遺體美容所用的盥洗

處、多副棺材等等，實在難以想像一所中學能有以上設施，讓學生能夠在校直接進行授課與練習。或許有人可能感覺奇怪的是為什麼要為逝者進行美容呢？老師解說，遺體美容除了是為逝者身體進行美容，使他們更美外，其實服務本身就帶有安撫家屬心靈、彌補他們的遺憾等作用。

此外，最讓我們感到驚訝的地方，是殯葬產品的創新，由於是學生們主力探究、研發，當中設計既有助推動、刺激殯葬行業發展，更能夠帶動他方以至一般民眾去接觸，甚至投入殯葬行業。而從觀察當中部分的產品來看，可見到設計者在當中所投入的溫度，如便攜式祖先牌位套裝，好讓家屬任何時候都能追思先人、客製的紙紮大屋等等，還有考慮到環保方面的問題，設計以高密度的紙皮來製作棺木，來替代原木製造的棺材。另外，骨灰龕位的設計方面與香港的不盡相同，沒有先人相片、資料，只留下其名字的小牌子和圖像的設計，從整體的視覺效果來想像，消滅了以往骨灰龕場所帶給人的恐懼、嚴肅，但卻多了一份安詳、平和的感覺，既有效做到對逝者的慎終追遠，也照顧到探訪者到訪龕場時的感受，試問香港的殯葬行業的服務和產品有否該方面的考量

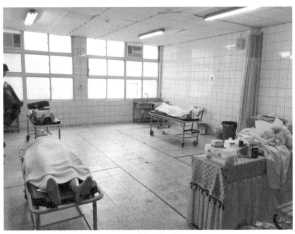

三具作為殯葬課程考試的模擬遺體

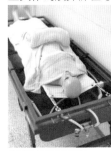

遺體用的解剖牀

遺體美容所用的盥洗處，為逝者身體進行美容。

呢？而且殯葬行業面對青黃不接的問題，大眾對此的刻板形象不減，加上香港尚欠方面行業的專業培訓，面對日益的需求，實在值得我們深思香港的現況，殯葬行業對人們而言當中的意義和價值是什麼？

以高密度的紙皮來製作的環保紙棺，替代原木製造的棺材。　環保紙棺內的設計同樣一絲不苟。

新式紙紮設計層出不窮，客製化的大屋更是美輪美奐。

　　學校除了相關行業培訓外，在課程當中也包括有死亡體驗活動，讓學員有機會體驗及擔任臨終者和陪伴者，從兩種不同的角度來經驗、觀看死亡。活動的過程中，作為小天使（即陪伴者）的同學會伴有着身為體驗者的同學經歷一連串的死亡活動，最大的感觸是感受到「每人只能陪你一程」，即是我們在不同人生階段結伴走過的同行者也會有所不同，而真正的走到人生終點，面對死亡也只有自己一人。過程中，默默陪伴、擁抱卻顯得十分重要，雖欠華麗而隆重的殯葬儀式，但簡單的告別式，卻讓我們能直率地表

達自己，説一些平日留意到的窩心，卻不常掛在嘴邊的叮嚀。聽有着別人的故事，一幕幕卻像微電影映入眼簾，教人感動落淚，無形間把同學之間的生命連結起來，對於家人、朋友、伴侶之間的愛大家都有所共鳴。

當把角色轉換為體驗者時，本以為把殯葬程序全都熟悉了，便能讓自己以放輕鬆的心情進行活動。可惜結果不如預期，在唸出剛寫好的遺囑時，一些與家人相處的畫面卻自動在腦海中播放，使我們對目前即將離別、與生命重要的人道別時產生不捨，無奈於時間是不等人的，未能逐一對身邊重要的伴侶、朋友好好道

小天使（即陪伴者）坐在「往生者」身旁陪他走過最後一段路。

別。躺在棺材裏，面臨生命的最後一刻，反卻沒有對死亡的恐懼，但有對愛我的親人、朋友的無限歉疚、感恩和不捨，這種難受不斷湧上心頭，淚流不止。 爬出棺木的瞬間，有一種死而重生的強烈感覺 ，也似一場大夢初醒，慶幸活着真好。「活在當下，珍惜眼前，善待自己」這句話瞬間烙印在心裏，成為死已復活的人生座右銘。死亡體驗活動給我們上了人生中重要一課，讓我們再一次誠實、勇敢地面對自己和思考人生的意義。也提供了機會讓我們自己説出心底説話。同時，更能了解自己重視的是什麼，使我們能好好規劃未來的人生版圖。

從「四道人生」中，我們會強調在生命臨終前要學懂「道謝、道愛、道歉、道別」，但華人社會受着傳統中國思想影響，使我們不輕言説愛道謝，卻認為行動比語言更實際。在生死這一課中，學到更寶貴的是如何把四道實踐至日常生活中，逐小把感恩的事情道出，把錯過失落的心情也道出，以致迎接生命的最後章節時不會存在太多難以修補的缺口和遺憾。

孟亞瓊

香港教育大學宗教教育及學文學碩士生

復活節，是西方的一個重要節日，象徵着重生和希望。而我卻在台灣進行了一次「死亡體驗」。

「死亡」是華人社會的禁忌，提起死亡，觸發的情緒有恐懼、不捨、悲傷……大部分都是負面情緒。近年來，台灣社會卻興起了關於「生死主題」的討論：開設專門從事殯葬行業的專業、設立生命熱線、「生死教育和生命教育」進入中小學甚至幼稚園課堂，還有人開起了「生死咖啡廳」，在輕鬆的氣氛中談論「死亡」話題……

接下來就聊聊筆者參加的「死亡體驗」：

「死亡體驗」在台灣的仁德醫專進行。同行 26 人，有 20 人參與了體驗，沒有參與的同學作觀察者。

流程一：誰先去「死」

導師讓參與死亡體驗的 20 個小伙伴，自願分成 2 人一組，一共 10 組。分好後，第

一個任務就很戳心了，要兩人討論誰先去「死」。先去「死」的是第一輪的體驗者，另一位是「小天使」。第二輪則身分互換。我的小伙伴顯然有點害怕，我們倆商量了我先來吧。

流程二：拍「遺照」

接着，導師用拍立得相機，給每個人都拍了一張「遺照」。看着自己的照片，被叫做「遺照」，有說不出的感覺。事後我把這張照片發給弟弟看，說看這是姐姐的遺照，弟弟說姐姐你快不要說了。

流程三：穿壽衣

拍完遺照後，體驗者和小天使就要分工了。在導師的指導下，小天使給體驗者挑了壽衣，並幫體驗者穿好。我的小天使給我穿的很認真，把每一個扣子都扣好，衣服其實很好看，有點像以前參加合唱時的演出服。

穿好壽衣的體驗者正列隊等候迎接死亡的來臨

流程四：寫遺書

小天使帶着我們進入了一個比較昏暗的房間，我們一起觀看了一個身患絕症的小女孩的臨終視頻，她跟每一個家人朋友說我愛你。視頻結束後，每一個小天使深深擁抱了體驗者就離開了房間。這個時候，「我」的生命只剩下 30 分鐘。我需要在這 30 分鐘，寫一封遺書還有墓誌銘。剛開始，不知道怎麼落筆，那支筆似乎有千斤重。好不容易提起筆，落下的第一個字是「爸」，腦子裏閃電影般閃過和爸爸在一起的一幕幕，如果有下輩子，還要和你作父女哦，你是我最愛的人。然後是媽媽，對媽媽有點遺憾，如果有下輩子，就讓我當媽媽，你當女兒，讓我像你對我那樣，包容你的小脾氣，像你愛我那

我們寫下遺書和墓誌銘的房間

樣，無條件愛你。接下來是弟弟，你說過我們倆是這個世界認識時間最長的人，在媽媽肚子裏就認識，比認識爸媽的時間還要長。姐姐能夠想起的童年，都是和你在一起。然後是老公，有點愧疚你是第四個出場。你是對的時間出現的那個對的人。就是遺憾還沒有生一個小寶寶，如果是男孩一定像你那麼帥，如果是女孩，你一定要好好愛她。還有我的朋友們，還沒來得及好好愛你們……旁邊和我一樣寫遺書的小伙伴們，都已經泣不成聲。後來大家回憶說，寫遺書是最觸發情緒的環節。「你的生命只剩下五分鐘……」似乎有好多話還沒說出口，似乎有好多人還沒來得及道別，似乎有好多事還沒有去做，似乎……

流程五：讀遺書

寫好遺書後，小天使又來領我們了，他們抱着我們的墓碑、遺書，帶着我們進入了另一個房間，並給我們挑好了一口棺木。小天使陪着體驗者安安靜靜地坐在棺木旁。每一個體驗者要把自己的遺書讀出來。「都說我命硬，沒想到意外先來臨。」「我好像不愛你們，又好像深愛着你們。」「爸爸，我是你的驕傲嗎？」「Xiu，我飛走了。」「這個世界我來過。」……「臨終」之時，每個人都變成了詩人。

小天使陪着體驗者靜靜地坐在棺木旁，聆聽着別人和自己的遺書，大家都不禁落淚。

流程六：躺棺木

遺書讀完了，體驗者要躺到棺木裏了。有點硬，有點窄。蓋子徐徐放下，閉上眼睛不敢面對漆黑的世界。外面好像有腳步聲，是哪個小鬼在姑奶奶地盤作祟？「砰──砰──砰──砰，棺木蓋被釘起來了，砰地我心驚肉跳，就這樣離開了嗎？如果在讓我重生一次呢？」「在這裏躺着的是某某君，他的墓碑上寫着……」有人來拜祭我們了。還有多少人記着我們。

棺木一口一口蓋上，有人來到墓前拜祭我們，並徐徐讀出各人碑上的墓誌銘。

流程七：重生

「請體驗者動動手指，動動腿……」好像在這裏躺了幾分鐘，好像時間更長，好像聽到了鳥叫，好像聞到了花香，棺木蓋被徐徐打開，小天使扶着我們走出了棺木，每一個人眼淚汪汪，卻笑着互相擁抱。歡迎你重新回到這個世界，恭喜你獲得重生！我們是一起「死去」，又是一起「活過來」的人了！

重生的喜悅難以言喻，唯一個擁抱盡在不言中。

流程八：小天使和體驗者互換角色

小天使和體驗者互換角色，進行第二輪活動。當體驗者去寫遺書的時候，身為「小天使」的我們坐在一起聊天，好像有微妙的東西在我們身上發酵。活着真好！

「小天使」的我們坐在一起

流程九：從這裏出去以後你要幹什麼？

第二輪活動結束後，所有人站在一起，每一個人說從這裏出去以後你要幹什麼，「我要跟我愛的人說我愛你。」「我要給自己換一雙舒服的鞋子和襪子。」……

我們一起從這裏出死入生

流程十：重生感言

每個人拿到了一張「生死體驗 重生見證」，把剛才的「遺照」貼在了這裏，還有重生的誓言，新生的行動。

我怕來不及 我要抱着你
直到感覺你的皺紋
有了歲月的痕迹
直到肯定你是真的
直到失去力氣
為了你我願意
動也不能動 也要看着你

林憶蓮的這首歌一直在腦子裏迴旋。拿出手機，自拍了一張照片，給爸爸媽媽發過去，說我愛你。爸爸說好難看哦。媽媽發了幾朵玫瑰花。沒有跟爸媽説死亡體驗的事。給弟弟發了我的「遺照」，還有遺書。跟老公視頻，説了死亡體驗的事，説還給你寫遺書了呢，老公問寫了什麼，我在鏡頭裏晃了一下，然後在鏡頭裏就看不到他臉了，我猜是在哭又不想讓我看到。

一生匆忙，沒有來日方長。珍惜每一次的道愛、道謝與道歉，才能好好道別。這個世界，我又來了！

「1995」，隔着電話的溫度

林己惠
香港教育大學
創意藝術與文化榮譽學士 四年級學生

顏婧諾
香港教育大學
視覺藝術教育榮譽學士 四年級學生

盧志婷
香港教育大學
人類與組織發展榮譽文學士 四年級學生

　　在旅遊巴上，看着車子駛入台中市，這個地方不像香港繁忙，而是一個普通的市鎮，但在這個地方，卻屹立了一所滿有重量的機構——台中市山海屯國際生命線協會（簡稱：山海屯）。

山海屯門外名牌

山海屯專用車

山海屯協會辦公室

它隸屬國際生命線台灣總會，啟發至一個國際性 24 小時致力於自殺防治服務的電話心理輔導機構「生命線」，透過電話熱線服務一班孤單、失望、煩惱和痛苦的人。

山海屯生命線宣言

總會在台灣 23 個縣市設立生命線，服務該縣的求助者。為了讓熱線更接近群眾，在政府和電信協助下，把全台生命線電話號碼統一為 1995（意思是「要救救我」），電信公司會因應該求助者的位置而接線到相應的機構，山海屯便是其中之一。除了電話熱線服務，更設有面談、一般信件和網路信件輔導，給予更多渠道讓服務求助者。

來到山海屯時，他們熱烈的歡迎我們，在每一個座位上預備了一份禮物，這一份見面禮，卻讓我們深深感受到他們不論任何人，也以真誠待人。他們安排了一班志工分享熱線工作經驗，這一班志工都是經歷約十個月的訓練和考試，才能在山海屯當志工，雖然訓練和考試的時間很長也不容易，但為了確保志工的質素，都是必要的。而這次與我們分享的志工，在這兒經歷了約十年時間的熱線服務，他們不但願意付出時間，更不斷進修與生命輔導和自殺防止相關的課程，這種態度已經值得我們學習。

在志工分享經驗之前，負責人先與我們分享一些會談與溝通技巧，讓我們對此技巧有初步的認識才更進一步了解熱線的內容。進行一個會談和溝通，首要先與他人建立一個關係，我們要有一個真誠的心，藉溫暖的話語讓他人感受得到我們對他們的接納，在優點上給予鼓勵和贊同，要有同理心和敏感度，更重要，是懂得專注、傾聽和給予有意

山海屯志工分享

識的回應。其實，這些要項不只是局限於熱線，更能夠在日常生活中用出來，我們與家人、朋友溝通，不就是因為那一種關係，讓我們能放心的暢所欲言，但有時候，我們也許會忽略了專注和傾聽。而這一班志工親身與我們談談這些溝通技巧如何把協談塑造成一支可以讓「所有隱晦不堪的問題」都可以「安心」、「不被評價」的說出來。

山海屯志工熱線值班的地方

「所有隱晦不堪的問題」有很多種，因為每個人對此的定義不同，山海屯運作已久，他們將來電當中的問題歸類為四個類別：

第一、閒談家常。求助者會重複來電訴說一些關於自己或沒有邏輯連貫的內容，志工們也經常接到這些電話，對於重複的內容也許會有些煩厭，但他們仍會繼續傾聽和滿足他們分享的需求，因為這些人，可能是在生活中無人可訴。

第二、情緒需求。求助者也會重複來電，敘說很多自己的情緒故事，當中情緒起伏可能會比較大，這時候要讓他們感受到同理心，表示對他們的理解，有機會能展開對話，了解他們的情緒困境。

第三、情緒危機。求助者不單只是表達情緒需求，很大可能已經有一些情緒病的困擾，這時候，志工不但要懂得傾聽和有同理心，更重要是要有敏感度，能夠察覺那些情緒危機會不會把求助者推至極端，引起自殘等可能性。

第四、生命危機。有些求助者帶着明確尋死意念，在崩潰邊緣，這通電話可能用作交代事情，這時候志工們一定要穩定情緒，一邊通話，一邊通報救援。志工們接到這些電話也會緊張起來，但他們並非單獨面對，一定會有另一位志工和主任在旁，共同面對，也能

減輕對接線志工的心理壓力。

聽完這四個類別的個案，回看我們身邊其實也有可能潛在相應的人，只是我們有沒有足夠敏感度去發現出來，在日常溝通時，我們能否像志工們有一雙積極及用心聆聽的耳朵？特別在這科技發達的時代，不用一通電話，單靠一些即時通訊軟件，一個簡單的貼圖，已經可以與別人溝通，有時候我們連溝通也省卻，坐在一圍桌吃飯，各自凝視着自身的熒幕，即使距離再近，也缺少了一點連繫。明明坐在一起，但卻放不下科技產品帶來的「忙碌」，但這一班志工，卻選擇把「忙碌」留給一班求助者，即使只相隔一個電話筒，卻能夠感受到彼此生命的連繫，反觀我們這年輕一代，有什麼「忙碌」會勝過人與人的關係？今天，我們對於溝通又是怎樣的一回事？

山海屯雖然運作已久，但面對新一代溝通模式的轉變，他們也有很大的挑戰。由於熱線輔導是一個「被動服務」，只能等待求助者打來，而現今撥打直線電話的市民減少，為了迎合新環境，山海屯曾經嘗試使用即時通訊軟件作為新的平台，向有需要的求助者進行輔導，但單靠文字的對話，也難以深入和準確了解求助者的需要，加上志工高齡化（平均年齡介乎 50 至 60 歲），對新的即時通訊軟件的運作也未必熟悉。即使如此，他們迎難而上，投入更多時間完善服務。作為新一代，我們感謝上一代的付出，雖然我們也不知道如何突破新科技帶來的溝通障礙，但是經過這一次的分享，我們明白到未必能要求別人怎樣為我們作改變，但我們可以自己先踏出一步，嘗試與別人溝通、交流，以自身的改變讓他人感受到一個充滿溫暖的溝通空間。

為此，再一次感謝志工們的付出和分享，以開放、誠懇的態度耐心地聆聽求助人説出自己的悲傷經驗，容許他們各種情緒的展現與表達，以接納與支持的態度關懷着求助人；對於身陷情緒低潮，甚至已經有自殺想法計畫的求助人，希望他們也冷靜應對，化危機為轉機。

「生命線」志工們，謝謝你們願意站在前線用心聆聽每一個生命，謝謝你們帶領活着的我們反思人與人的關係，溝通是什麼，但願我們能把握時間，珍惜與別人相處的時刻。

歷史洪流中的犧牲者們

潘廣昇
香港教育大學 音樂教育榮譽學士 四年級學生

馮子游
香港教育大學 人類與組織發展榮譽文學士 三年級學生

在這次生死學習團中，我們有包括探討台灣政治與歷史主題的生與死，並到訪了台北二二八紀念館及鄭南榕紀念館。在導賞過程中，聽當地人訴說他國的歷史故事和參觀展覽，明白到台灣現在所擁有的民主自由和身分認同，其實一點都得來不易。台灣以往長期處於身不由己的狀況，常常受外來者所統治，人民無法掌控自己的命運，直到 30 年前戒嚴時代結束後才帶來政治上的自由化民主化，人民才可以當家作主。在當中出現過的生死故事，讓人感到肅然起敬。

台灣的人民，好像一生出來，便要遭受不平等對待的命運。在台北二二八紀念館的導賞當中，談得最多的不是傷亡者的數字，也不是遇害者以什麼方式離開這個世界，而是「台灣人」身分的多變以及一些人終其一生都不能「尋根」的痛。打從清代，當時住在「台灣省」的人民，就已經要被入關的滿族人統治，被強迫要削髮留辮子。在近代史

日治時期文物

裏看，台灣這個地方從 1895 年簽訂《馬關條約》至 20 世紀末李登輝成為民選總統，人民也一直都不是被自己所擁護的政權所管治。在日治時期，台灣本土人不能跟日本人接受一樣的教育，也沒有跟日本人同等的參政權。

二戰後，日本戰敗及國民黨接管台灣，台灣人的身分又更換了成為中國人。本來以為中國軍隊解放他們，擺脫日本的殖民統治，做回自己的主人。可是由於中國軍人經歷八年抗戰後，對台灣充滿敵國日本的色彩有所反感，肆無忌憚地在台灣生活，隨意買東西不給錢、打家劫舍、強姦殺人，軍紀敗

二二八事件受害者名單

壞、無惡不做。還有當時國民黨政府管治失敗、官員貪腐，造成經濟通膨、民不聊生。本土台灣人原本滿懷期望的「解放者」形象，發現跟他們想像的完全不同，解放後的生活還不及日本時期好。面對這樣的改變，民眾對管治者不滿，官民雙方關係愈趨惡劣。終於在1947年2月27日圓環緝菸事件，一名賣菸的寡婦被專賣局查緝員不正當地使用武力打傷，引發二二八事件爆發。台灣各地各省都發生大規模反政府行動，本省人對外省人進行報復攻擊，發洩積累已久的民怨。

事件發生後，不少有經驗和學識的地方仕紳如陳澄波、潘木枝等人組成「二二八事件處理委員會」希望平息事端及與政府談判，可是當時的陳儀政府卻口頭上妥協，但暗中咨會大陸調派軍隊來台，最後血腥鎮壓全台灣，造成數萬人死亡，反抗者被連着幾個一起手扣着並推到河邊射殺，鎮壓慘不忍睹。在蔣介石、蔣經國執政的獨裁時期，國民政府以威權和軍法統治台灣，實施了戒嚴近 40 年。以白色恐怖打壓異己，不少人只要有任過反政府的說話和動作被發現都會被定罪為政治犯，人民長年不能自由地表達自己的

意見，生活在價值觀被嚴重扭曲、是非顛倒的社會戰兢中渡過了 38 個寒暑。

二二八事件後，地方仕紳和民眾提出要求自由民主改革。

「我外公那一輩啊，在日本人來臨時被嘲為『滿洲奴』；到我父親那一輩，國民黨接管時又被嘲為『日本奴』。」即使當時國家的領土在名義上從「戰敗國」歸到一個「戰勝國」，但後來的台灣人驀然回首也只有一絲無奈的嘆息。自己的身分其實不過是個一直受殖民統治的「亡國奴」罷了。他們沒有對自己的身分多了一份優越感，反而令他們對自身的生死存亡、對民族的共同命運、對生為「台灣人」角色定位都存有疑惑。當時在聽導賞的我不禁會想：沒有自由的日子，要過足足 40 年，到底會有多可怕？

二二八事件「受難曲」紀念走廊

啟蒙時期的法國哲學家盧梭（Jean-Jacques Rousseau）說過一句吊詭的名言：「人生來是自由的，但無處不受枷鎖的束縛」。就是說雖然本質上一個人有自己承擔責任的意志，但周遭環境卻好像令你不得不磨蝕這種與生俱來的意志。台灣的當時高壓的政治氣候，大概也應驗了這一句話。「一個民族在仍未開化時可以使自己自由，可是當這個民族的成員筋疲力盡時，它就無法使自己自由了」。當專制的統治就像座高牆，阻隔着在遠處彼岸的自由，不少人對此境況為了存活下來就只有安份守己的生存着。他們不是不想自由，而是擁抱自由的代價太沉重，令他們大部分不得不因明哲保身而卻步。

啟蒙時期的法國哲學家盧梭（Jean-Jacques Rousseau）說過一句吊詭的名言：「人生來是自由的，但無處不受枷鎖的束縛」。就是說雖然本質上一個人有自己承擔責任的意志，但周遭環境卻好像令你不得不磨蝕這種與生俱來的意志。台灣的當時高壓的政治氣候，大概也應驗了這一句話。「一個民族在仍未開化時可以使自己自由，可是當這個民族的成員筋

二二八事件版畫作品「恐怖的檢查」

疲力盡時，它就無法使自己自由了」。當專制的統治就像座高牆，阻隔着在遠處彼岸的自由，不少人對此境況為了存活下來就只有安份守己的生存着。他們不是不想自由，而是擁抱自由的代價太沉重，令他們大部分不得不因明哲保身而卻步。

可幸的是，有人為了達成真正希望實現的願景，冒上生命的危險甚至是作死亡的孤注一擲也在所不惜。這個人就是鄭南榕。他不但沒有在白色恐怖中選擇沉默，更是一生不願接受命運的擺怖，不斷地挑戰強權。即使未能大學畢業，也無阻他辦雜誌社的決心；即使是屢次受到牢獄之害，也一直站在推動 100% 自由的前線；即使要他面對死亡，也選擇透過自己的死亡彰顯自己所捍衛的價值。他活着的方式，就是告訴威權「自己不會被牽着鼻子走」。國民政府最後抓不到他的人，只找到他燒焦的屍體。他作為一個逾越高牆的勇士，雖然一去不返，卻打開了自由的大門。他讓人們

《自由時代》周刊

從「死亡」中，重新看到台灣的「生命」是怎樣的一回事。

　　「精神的喜悅則是作個以淚淨身，且被視為神聖之獻祭的犧牲——你明白嗎？」尼采（Friedrich Nietzsche）借查拉圖斯特拉道出了鄭南榕犧牲背後的哲理。縱使這個人看來很像個瘋子，在他最後的時刻好像完全無後顧之憂似的，軍警追來他就引火自焚。他生前，靈魂有如着魔一般馳騁，讓自己一次又一次的身陷險境。但正正因為這種危險，令他所高舉的自由成了令人敬畏的東西。禁囚迫使他堅強，在痛苦的奴役來臨之際，他克服了最大的阻力，成就了他偉大的人格。

鄭南榕死守於出版社內

鄭南榕自焚遺址

　　到底他們應該作為誰以怎樣的方式，繼續在這片土地中生活下去？就讓他們的自由為自己作主吧！

　　經過這次對台灣的政治和歷史的探討，讓我反思到人類在這個世界上很多時自己的命運都是身不由己，我們生來就好像是被社會決定好然後被牽着鼻子走，大家就這樣一

生勞勞碌碌着，然後一直走向我們的終點－死亡，有多少時候是真的屬於自己呢？然而有些人在一生中甘願犧牲自己的生命為着大眾爭取自由，如鄭南榕先生在威權統治時代，願意奉獻自己的生命，不計名利，不懼怕死亡去喚醒民眾打破沉默、擺脫被奴役做回自己，把自己的生命燒盡後更點亮其他人，是令人敬佩的。

鄭南榕紀念館的年輕導賞員

　　不過也讓我反思到，我們人類常常就是把自己和別人的生命變得身不由己，例如在政治和歷史上對領袖盲目的崇拜，而人民又不自覺地被奴役。其實領袖們畢竟都是人，人是愚蠢的，能力不是無限，又容易有主觀見解，很容易造成管理失敗、獨裁、甚至人為災難。這個世界其實不應再由一人／一班人管治了，這只會是無盡的權力遊戲。我們人類未來應該是每個人都能自己作主，過着自己想要的生活同時也要懂為他人着想，而不是再受命於他人，或者是要過得很「偉大」，每個人要真正掌握自己的命運，達到直接民主的境界。

與宗教來一場心靈的交流

李嘉慧
香港教育大學視覺藝術教育榮譽學士 四年級學生

在一個微微細雨的下午，走進大廈叢間，經過車水馬龍的大街，穿過的人聲鼎沸的小路，終於來到一座小小的博物館——世界宗教博物館。它不像其他博物館會聳立於高高的山上、廣闊的平地上，而是靜靜地走進社區中，與人們的日常生活並存；它也沒有華美的外觀、突出的設計等來吸引人們注目，只有一大片黑晶晶的玻璃外牆與以十種不同顏色彩條組成

百千法門，同歸方寸。

的大門上蓋，以毫不起眼的姿態出現在眾多的大廈之間，靜候各方人士的來臨。對於筆者作為沒有特定宗教信仰的人士而言，到底這場心靈的交流會否出現奇思妙想就不得而知，但是一進入博物館的入口大堂，眼前除了接待處、資訊刊物架外，抬頭一看，金橘色環形狀的假天花，掛着一個個的球狀小燈被深藍色的牆壁襯托出來，投映機打在牆上寫着「世界宗教博物館」，在這種氣氛之下，就好像告訴我知道，是時候了。

登上升降機，打開門後，迎接我們的是鍍金色的八個字──「百千法門，同歸方寸」，各種各樣的宗教所用上的方法、形式等，最終目的都是為人們帶來修養、淨化內心之法，也在無形間提供了心靈上的依歸。走過入口，潺潺的流水聲不知不覺把人們的吸引過來，無休止的流動，不禁令人伸手去觸摸、去感受，水從指尖流

來到一水幕牆前，慢慢的走、輕輕的摸着。

到掌心，再從掌心慢慢地流走。它將人們燥動不安的心冷靜下來，把肉眼看不見的污垢暫時送走，就像參拜日本神道教神社前先到手水舍一樣，猶如模擬了一場簡單朝向神聖之路的潔淨儀式。

隨之，沿着長長的步道，牆上滿是不同宗教的朝聖者們的影像與若隱若現的字句，字裏行間都似在問着人們對生命、起源的問題，到底我是誰、為何要懼怕死亡等等。然而，對於帶着不同信仰的人來說，心中自有一套的答案，又或許在步行的過程中，努力尋求相應的答案。懷着疑問、答

掌印在牆上，總讓人不捨。

案的人們，走到步道的盡頭，以自身熾熱、溫暖的體溫，於牆上留下「為人」的手印，以手來打開與神祇、世界溝通的大門。正正因為人活着，才可以利用雙手以不同的手印、手勢表現人的真情實意，如以雙手合十與神祇祈禱祝願、以手觸身賜福予人等，或人與人之間手拉着手表現的友善。可惜的是，手印瞬間即逝，如曇眼花火，部分人總愛留戀片刻，依在牆前走不動、離不開。

突破了掌印牆的愉悅，到達以金色弧形的牆、深藍色的半球形天花，及地板上各宗教的圖騰等組成的大廳。獨站在大廳中央，仰望天上的星空、俯瞰地面的圖像，來回數次，發現各宗教的時空交錯所編織出的宇宙，使人頓時自覺渺小。對於浩瀚永恆的宇宙裏，人匆匆數十年的光景只不過是微塵而已。雖然如此，但是人或生命的價值會否因此而抹煞或消減呢？反過來看，正因有宇宙的存在，才成就人們從情感上、理智上對生命的多一重思考。

　　現今醫學昌明，按理說，如沒任何的阻礙，每人該擁有大概 80 個寒暑，當中或有機會感受到孩子誕生的喜悅、憂心其身心發展，享受青春帶給自己燥熱的悸動、面對成年後的迷茫、苦惱老年及死後的依歸。而在華人社會裏，雖有「三十而立，四十而不惑，五十而知天命，六十而耳順，七十而從心所欲，不逾矩」的儒家之說，但非每人都能如孔子般聰慧，於各個階段裏自我解決所有的疑難。然而不同的宗教信仰以不同的儀式、祭禮、物件等，如華人信仰中希望孩子健康的虎頭鞋；藏傳佛教用來懺悔往事、修積功德的轉經筒；埃及的死亡之書細說在死後世界需經歷的一場審判，教導人們如何於死後保護自己等，物件承載了人們的生命追求、對死亡的疑問，亦可見到從各個宗教於細節中解除、解答人們的困擾。盡管每個人生命中的細節瑣事皆不盡相同，但生而為人的生命經歷卻應是一致的。

生命大廳

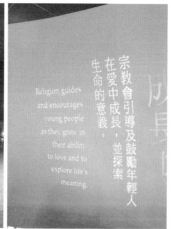

宗教告訴我們生命的意義

對於快將三十而立的筆者而言，回想昔日，不同的宗教於其生命裏就像霧又像花，且遠又近。初次接觸，是透過家中的老人家拜神、學校視覺藝術科與世界歷史科的課堂知識，而得悉道教、基督教的存在。到初踏社會，於天主教學校工作，身邊皆盡是該教的氛圍下，它又與筆者走近，可是，筆者雖知它的美好但沒真正的認

到底如何才能覺醒來呢？

識和了解。隨後再回到校園，有一次學習機會中認識佛教，同一時間面對親人的離別，唯《心經》中「色不異空，空不異色，色即是空，空即是色，受想行識，亦復如是」一句，如柔風般輕輕地撫摸心坎，明白到凡事因緣而聚，也因緣而散，不必也無須強留，生命如是，人生也不過如是。雖然如此，那次的經驗並沒有造就筆者必然與它的連結，但卻打開了學習、認識不同宗教之旅。

於當中，明白到身處同一星球上，不同種族、宗教、信仰皆同享當中所給予人們的恩賜；基於不同的文化下，其宗教傳統，亦各自有其不同價值的演繹。可惜的是，有時候人們不自覺的排他性、尋求道統等的態度，在不知不覺蒙蔽了雙眼、掩蓋了耳朵、封閉了心靈、忘卻了基本的包容，只以自身價值來量度、評量對方等等，造成了一些可以避免的悲劇。坦言，筆者認為尋求箇中真理的路途上，一時的迷失亦在所難免，人們畢竟未達聖人之境界，但只要本懷着待人以誠，做人以真的態度、以如天般廣、如海般深的容人之心，來接納不同的價值、文化，終歸可以成就出一個宗教多元、種族包容的星球。

小孩子應是最懂得如何愛護、珍惜身邊的人。

延伸閱讀

1. 傅偉勳：《死亡的尊嚴與生命的尊嚴：從臨終精神醫學到現代生死學》，台北，正中書局，2010。
2. 馮家柏、陸亮編：《坦然：面對生死的 21 堂課》，香港，商務印書館，2017。
3. 聖嚴法師：《心的經典：心經新釋》，台北：法鼓文化編輯部，2016。

繪本文學與生死教育

梁思靈

香港教育大學視覺藝術教育榮譽學士 四年級學生

　　從小就喜歡閱讀及收集各類繪本、插圖的我，是香港教育大學的視藝教育四年級生。因緣際會下，兩年前修讀了兒童文學，從此開啟了我對繪本教育的好奇及興趣。繪本的教育功能除了語文學習（也有純插圖作品），當中對美育及情感教育的功能也不容忽視。一直憧憬能從事相關行業的小子，在籌統行程中得知有機會到訪花花姐姐親子體驗館時，自是雀躍萬分。

花花姐姐親子故事體驗館

「花花姐姐」隸屬創立了 30 年的三之三國際文教機構，由台灣開展至兩岸三地，致力推廣生命教育、繪本教育及家庭關懷。在教育現場三十幾年的創辦人葛惠老師，早年主要進行青少年輔導工作，看到很多叛逆少年的家庭背景都是複雜的，未必能一時三刻解決，因而造成了孩子的成長問題。這些孩子後來是因為受了老師的幫助，有了顛覆性的改變。

葛惠老師開場時提到，因為人生無常，我們才要活在當下，學習感動、感激、感恩。一但學懂，就不會有放不下的仇恨，或太多的介意了。當然，這是要在人生的一步一步中學習的。

葛老師分享了自己原生家庭的故事，由於學業競爭、照顧弟妹以及經濟壓力，高中時期一度想尋死，後來發現，人是因不了解自己才會尋死；當你愈來愈了解自己，知道生命的價值，你就不會想把自己結束了。這段經歷令她突破自己，立志成為讓別人開心的人，因此，她自己先要成為一個真正開心的人。

因為葛老師前期從事青少年工作，影響到她後來想以繪本協助幼小的生命釐清自己的生命價值。談及投身繪本教育，葛老師開始與我們分享自己的理想。讓孩子從繪本認識「原來生命本來就會發生這件事」（失落與死亡），去幫助孩子更認識自己，從而更接受自己，接受他人，再了解到人與人的關係，這是葛老師跟伙伴們致力在做的事。「社會本來就有很多方面，孩子要學會接受跟享受，這正是透過繪本能教的事情。」

同時，播下好的種子也是葛老師的使命。她相信大家都是「花婆婆」，希望大家都「做一件讓世界變美麗的事」，也就是透過教育讓人

葛惠老師的動人分享

的生命作出調整跟改變。葛老師勉勵我們千萬不要忘了初心，無論將來從事教育工作與否，也要善用影響力播下好的種子。就算遇到氣得牙癢的孩子，心中也要存着愛與幫助的信念，也要明白不同時期的孩子，態度的改變也需經過長短不一的時間。

「年幼的是三個月，小學是一年，初中是三年」，我聽罷意識到的是：要改變一個生命，耐心跟信念真是缺一不可。現實也許每天都在挑戰我們的信念，老師的工作量、社會上偶爾的過度要求、學生的不合作等等，會令人感到「雙拳難敵四手」，哪裏還有心力去堅持呢？但同時現實中也有如此出色的榜樣激勵一眾從事教育的同工們，到結果之時就會發現這種堅持是比一切都值得的。難過的時候，給自己 15 分鐘小休，欣賞繪本中的率真，也許就成了我們堅持走下去的養分。《花婆婆》在這方面的確是一本值得閱讀的繪本，在此誠意推薦給大家。

葛老師與我們讀了有間三奈子的一本繪本——《牆》。老師先邀請了我們每人即場分享對牆的想像——也許是保護，也許是隔離，然後再引入故事。書中的不同角色與這道牆有着各式各樣的過去，有受它幫助、保護的，也有不得已傷害了牆的。作者以簡短的對話跟率直的情感，帶出「學會道愛、道謝、道歉，在道別時才不會留下遺憾」的主題。是的，人生就是由很多不可控的因素組成，哪天要面對失落、道別與死亡，也是未知之數。我們不能控制這些看似負面的遭遇，但我們能用正確的態度預備及面對。在失落、道別與死亡面前，我們會傷心，會有不捨，但若能及時向所愛的親朋訴説我們的真實感受，將愛意與謝意傳達，不再為一口氣而爭持不下，那到分別之時，遺憾就可以減到最少；而留下的，都是與愛有關的溫暖回憶，支持我們繼續向前。

《牆》的封面，「聽説就快沒了？」一句搭話開啟了故事中的種種回憶。

三之三總編輯林培齡老師承接葛惠老師的分享，提到家長可如何以繪本對孩子進行生死教育。面對生死時必經的失落及哀傷應如何處理，更是當中的重點之一。孩子看事情的角度主要來自原生家庭的教育，而當孩子對很多詞彙都未有概念前，繪本是一種有效幫助孩子了解世界的工具，家長可以善用繪本與孩子談及失落與生死等較抽象概念。

　　林老師指出，幼兒是最富同理心的階段，因此與 0 至 6 歲的孩子談及失落與哀傷時，不可以用太傷感的語調，因為孩子很容易會代入，形成抑鬱及悲觀的心理。的確，說到生死的課題不一定要以傷心出發，根據我的閱讀經驗，很多談及此話題的繪本也會將面對失落及哀傷視作過程，讓兒童讀者陪着主人公走向最終能釋懷的圓滿結局。讓孩子透過圖像去同理，正是繪本很出色的功能。

　　林老師及後跟我們讀了《完美的正方形》、《超級烏龜》、《有麻煩了！》以及《好消息 壞消息》等繪本，當中牽涉不少自我認同、正念、衝突處理等主題，無論是成人還是孩子都值得花時間一讀。當中的《有麻煩了！》是一個有關主人公想在媽媽面前以各樣藉口掩蓋自己無心之失的故事。林老師指出，看似簡單的故

林培齡老師及葛惠老師對生命教育充滿熱情

事，對初小、高小甚至大人都有不同層次的應用價值。在初小生面前，談的可以是犯錯後的感受；面對高小生，可以談事情的危險性、誠實的重要性；在大人的角度去看，學到的也許是寬容。在孩子無心之失過後，責打與否只在一念之間，我們也許可以仿效故事中的媽媽，心平氣和好好溝通，這點對大人無疑是一種提醒。

　　綜合是次參訪，最大的得着有兩方面，就是兩位老師對生命教育的熱情以及活用繪本的技巧。葛老師及林老師為推廣生命教育貢獻大半生，當中不免有逆境，但兩位老師的言行間，讓我們看到的是滿滿的活力。如葛老師分享，一顆愛和喜樂的心才能感染身邊人，而她們都以自身為我們這班準教師作了最佳的示範。我嚮往那天，當去到人生的

下半場時，自己仍然走在教育這條路上，同樣帶着這份令人羨慕的活力，影響着我的學生和後輩。

另外，雖然近年香港人對情緒及精神健康的關注正逐漸提升，但每天活在激烈的競爭中，疲於奔命，還是很難有喘息的空間為情緒找出路。願每人都不用等到死亡臨到，才停下來思考生命的價值，也願更多大朋友、小朋友欣賞到繪本圖文的力量。希望繪本教育及生死教育能在香港更普遍，幫助大眾以健康的心態面對死亡附帶的失落、不捨、哀傷，又或是逆境中的迷茫。

從教育哲學到生命教育

梁思靈
香港教育大學視覺藝術教育榮譽學士 四年級學生

周琴
香港教育大學教育碩士生

　　此行的最後一站，是到訪在台灣推行生命教育的先鋒學校：台北市立松山高級中學。「自信、負責、創新、熱情、關懷」是松山高中訓練學生的五大核心能力，校長陳清誥博士指，身為明星升學高中，校方的宗旨不止是教會學生從競爭中勝出，更重要的是「競爭以外需要合作」，要讓學生培養出一份對生命的關懷。

松山高中同學的創作

松山高中同學的籃球隊為學校帶來了凝聚力

松高在民國 95 年（2006 年）開始開設了生命教育課，雖然一開始只是於高一試行，亦只有短短五節，但卻是家長及校方多番努力下的突破。松高的生命教育科有一隊堅持不懈的教師團隊，當中深受學生愛戴的「光哥」劉桂光老師這次親自為我們上一課富啟發性的生命教育課。

　　走近劉桂光老師第一刻，我就感覺到他很親切隨和，而事實也是如此，他是一個很有情懷的人。他的上課風格也是我很喜歡的類型，不會讓人覺得很無聊，反而會覺得是一個探索的過程，輕鬆而生動。他總是會啟發我們思考，引導我們去主動學習。

劉桂光老師講課

　　我記得他上來就拋給我們一個很大的問題：「死亡是什麼？」我第一個回答，我說死亡就是一個生命的體驗。後來大家討論到一個疑問，到底生命本身是有意義讓我們去尋找，還是該由人主動去賦予生命意義？

　　他接着問：「想到死亡，你會想到什麼？」，然後給每個人三分鐘寫下所有想到的詞語，完成後分批貼在黑板上展示。這時候第二個問題又來了：「你對死亡的定義是什麼？」劉老師着我們以小組形式進行討論，為死亡下一個組員們都認同的定義，再從黑板上已有的詞語選出六個，來闡述組員為死亡下的定義。

　　劉主任稱這種展示為「可見的學習」。當我們問及有關價值觀的問題，礙於時間限制，沒有可能每個效學生都回答，最有效率的方法就是請學生寫出想法，再集中展示。當然，這種刺激思維的方法未必適用於所有年紀的教學，但劉老師強調生命教育課的核

心，就是透過對話幫助學生梳理想法，也要有停頓的時間讓學生思考。

中場休息時，我們去參觀了一個活體生物教室，作為一個怕蛇的人，我人生首次挑戰徒手捧着一條球蟒，心裏雖然恐懼，但在老師和同學們的幫助下，也算是一次成功的自我挑戰。

團員上課時都全神貫注，務求思考可以跟上老師提出的問題

學生課後輪值照顧這些生命，也讓他們學會尊重其他物種的生命。劉老師又提到，對小孩的生死教育適合以娃娃跟寵物進行，因為死亡的本質就是失落，要教會他們面對告別跟失落，可以輔以娃娃跟寵物説明。

團員在老師指導下與球蟒活動

課室內最大的爬蟲類動物

學生輪值照顧不同動物，從日常照料跟互動中學會尊重生命。

　　回來後我們繼續第二堂課，劉老師給我們播放了柯文哲的 TED 演講錄影，然後請我們留意柯文哲作為醫生是用什麼態度面對死亡，再分享我們自己認同與否。影片中有一句令人深刻的話：「你問我什麼是死亡，那我問你，什麼才叫活着？」柯文哲認為，死亡是大家必經的終站，只是，在你死以前，你對社會的付出大呢？還是奪取大呢？把今生活好，去幫助別人，才是最有價值的人生。

　　及後劉老師分享道：在進行生命教育的過程中也會遇到挫折，例如學生想不通會覺得反正「爛命一條」，今生有沒有價值也不重要，為非作歹也沒所謂。這些時候，對學生愛與關懷就是「光哥」的武器，他會陪伴學生梳理生命中的糾結，他會教學生付出，

因為人對一件事愈付出，才會對它愈着緊、投入，生命亦然。回到原點，跟學生談生死的背後也是愛。有愛才能令學生突破眼前的迷茫，繼續前面的尋找價值之旅。

劉老師遂問：「生活怎樣才能幸福？」答案是：從生活的不安中找幸福，從生活的付出找幸福，從生活的紀律找幸福。這樣的寄語是多年教學經驗跟人生反思的智慧結晶。回顧我們的生活，似乎很少這樣子去做，在不安中，我們只會更加焦慮，在付出中，我們總是怕自己會受傷，會失去，而紀律就更難了，我們總是會選擇一次又一次地在遇到誘惑時選擇跟隨而不是抵制，沒有自己的原則與規範。紀律，就是自己覺得值得堅持的原則。如果你的選擇不違背你的良心跟原則，那你就會感受到生命中的幸福。

藝文青的生死教育課

朱雅穎小姐

香港中文大學醫學院解剖室助理
Facebook 專頁「陪着你嘔」小編
香港城市大學輔導學碩士生

「想同我爭，是不是找死啊！」、「他再是這樣子不負責任呢……我就真的死給他看啊！」這一代的年輕人也會把「死」字掛在嘴邊。年輕人都不害怕死亡嗎？還是我們都把「死亡」背後所帶出的意義輕視了？

這次的交流團中，我印象最深刻的還是到訪仁德醫護專科學校。年輕的我，縱使腦袋知道人人必須一死，但總是覺得「死亡」離自己很遠。腦袋知道到心的了解，中間還是有段長長的距離吧。直至最近我才發現，「死亡」已經偷偷來襲了我的親友，

十字架、死亡、我

甚至是你意想不到的朋友。「死亡」原來有能力可以扭轉你一直安穩的生活，殺你一個措手不及。

如果，我們不忍直視死亡後的哀傷

如果殯儀從業員不忍直視死亡後的哀傷，以為這不屬於他們的事，假裝看不見喪親者背後的重擔，只是用冷眼旁觀的態度對待喪親者的親友；這樣的一位殯儀從業員，會帶給喪親家庭一個怎樣的影響？

在旅程的第二天，我們到訪仁德醫護專科學校。當我看到用來訓練學生不同技能的多功能課室時，看着那些形形色色的模擬用具，我內心感到很震撼，心裏想着：「若果香港的殯儀從業員，也有這樣的培訓就好了。」在香港，殯儀從業員並不需要通過什麼的考試。若果你的親人去世了，心痛又六神無主的你走進殯儀館後，大部分的殯葬從業員便會企圖遊説你需要為整個喪禮付上更多的金錢，可能是用上等的棺材及購買更多的紙紮品等。

遺體修復教材

培訓殯儀從業員學生的教材

失落經驗與悲傷反應教學講座

「我希望你們出到去以後，要好好記着，你們所服侍的，不單單是一位逝者，而是

一個家庭。」這是當地的老師對畢業
生所說的一席話。試想想，若每位殯
儀從業員，都抱着這個心態去工作，
那麼，整個香港的殯葬行業，未來會
有一個怎樣的發展？

講解殯儀教材

回到香港以後，我又可以如何
看待自己的工作呢？我只是想知道
對方願意捐贈遺體與否嗎？我有讓實
際要處理的事情遮蓋了那些背負着哀傷重擔的喪親家屬嗎？我記得曾接聽過一位先生的
電話，他想詢問有關他的親人遺體捐贈的事宜。我慣常地把我所知道的步驟詳盡地告訴
他。後來他中氣十足地告訴我：「你有聆聽我在問什麼嗎？」原來我心底裏害怕去正視
他的哀傷，因着害怕，我不願意去了解他背後的掙扎與情感。聽着講者的分享，他也令
到自己反省了我在工作上的態度。即使每次喪親家屬打電話來查詢的問題大致一樣，我
也不要因着事務而讓自己看不見他們背後的情感需求。

如果我不忍直視死亡後的哀傷，在日常生活中，那麼我會如何看待失去親人的親友
們？它又會為你的周遭環境及生命帶來什麼影響？

如果，恐懼死亡的你和你說聲「哈囉」

這所學校還佈置了一間擁有多副
棺材的體驗室，以供學生們經歷死亡
體驗。

去年，我也跟隨過黃民牧師所
舉辦的台灣生死教育交流團而來到

死亡體驗——瞓棺材

這裏。那時候的我是一名體驗者，現在還是很記得很清楚自己在過程中經歷了強裝堅強、後來到哭泣，最後到不捨。今次，我是一名觀察者。我以為可以用一個理性的角度去看整個過程。但是，當我聽着學生們分享遺書，談及自己的家人時，我的內心也被觸動到流下淚來了。原來我也有好一段時間，沒有對自己的心，好好的去坦白過。

今次的經驗，讓我察覺到原來我的心裏有一位恐懼死亡的內在小孩。這位小孩，原來一直跟我打招呼，想喚醒我有關「死亡」的訊息吧，但我總是一直在逃避。當「死亡」輕輕敲打家人的那道門時，我的內心原來是很想假裝不知道的，我很想抗拒，我不想去承認，原來我的父母年老了。

患有腦退化病的爸爸，每天都要定期吃藥，他開始變得日漸消瘦了。「有位同事告訴我瘦了，瘦到像是皮包骨的身型。我很瘦嗎？」某天，爸

死亡體驗——教導小天使如何釘棺材

死亡體驗——準備去死！

爸這樣的問我們。媽媽立即說：「不是啦！對方說得誇張而已。」而我卻選擇不回答他，繼續假裝在做功課，心裏想着：「爸爸會害怕面對自己的年老及死亡嗎？」到最後，我還是沒有勇氣去問他。

現在，爸爸變得愛挑剔媽媽了。我明明就知道媽媽的內心會承擔一定的壓力、不安和恐懼。但是，我還是想要去逃避這個鐵一般的事實。我只想把一切回復成從前小時候無憂無慮的樣子。

在體驗的尾聲，每位體驗者都要寫上一個重生的誓言。我也鼓起勇氣地和這位恐懼死亡的內心小孩打個招呼。「哈囉恐懼，你好。謝謝你的出現，讓我知道原來我不是這樣的冷血無情，你催促自己愛要及時，面對死亡而有所恐懼繼而有所逃避，也是正常的吧。」我決定好好給時間去了解及接納這一個自己，繼而作出一些小決定。

小孩與我

我很感激可以在去年跟隨黃民牧師及一眾職場人士；今年跟隨教大的老師及學生們來一趟台灣生死教育交流團。兩次交流團中所去的地方也有異同。去年，我所去的地點主題上還有包括認識安老服務及照顧，大體老師，墓園，療癒花園等，像是走了一趟生、老、病、死的過程。而這次的交流團是從多角度去看「死亡」的，使自己可以從不同的層面去思考。在對象方面，去年的我是年紀最小的一名團員。聽着成熟的團友們與自己分享有關工作上所遇到的病者及喪親經歷等，自己也獲益良多。今年，我是年紀比較大一點的團員。你以為年輕人不懂得說「死亡」嗎？他們在交流前的準備及所預備的問題，希望引導大家去討論及思考，已經令自己大開眼界。在討論「死亡」的領域中，能夠找到一班和自己年齡層相差不太大的學生們，實在感激。

「女兒，我照顧不到你很久的啊，你會慢慢長大。」這一天，我在商場上走着，不經意地聽到一名媽媽對着她約八歲的女兒所說的話。當我慢慢長大，爸媽就會慢慢變老，最後到死亡。原來，每天所發生的人和事，也一點一滴的提醒着自己有關「生死」的訊息。難道我們真的要等到死亡來臨，才願意好好花時間認識

和教大學生們參與體驗活動

自己對死亡及哀傷的恐懼，繼而作出相應的行動嗎？

給女兒的生命教育課

莫泳怡小姐
Facebook 專頁「生死教育」版主
「香港生死學協會」義務總監
偽．全職媽媽

家有三歲女兒，媽媽伴讀公主故事。

「從前，有位美麗善良嘅白雪公主，有一日佢媽媽死咗……」「從前，有位心地善良嘅灰姑娘，有一日佢媽媽死咗……」（我是麥太嗎？）「媽媽，咁 Elsa 同 Anna 嘅媽媽有無死？」我心裏一沉，不禁暗自怪叫：「有啦！仲死埋老豆。」

你不找死，死也找你。

很多家長常討論，究竟多少歲開始適合與小朋友談論死亡？相信沒有標準的答案，「死」同「心地善良」的概念都會一同出現在故事書裏，你可以避而不談嗎？家中有親人過身，你可以三緘其口嗎？要說的時候就是時候。在我們家當然比較特別，年前有套電影叫《我老婆日日都扮

女兒飛機上專注地觀看《冰雪奇緣》動畫

死》，而我笑說我家現實版叫「我老公日日都辦死」，他是一位遺體防腐師，辦公地點死人多，辦公時間講死多，而非辦公時間，則全力推廣生死教育，「死亡」是我們家一個自然且常接觸的話題，我們對女兒也不避談，「有呀，Elsa 同 Anna 嘅爸爸媽媽都死咗……」。

與孩子談論死亡，繪本是很好的選擇，運用圖畫書，深入淺出地與孩子探討、預備死亡這回事，我家收藏了海量講死的繪本，但我發現不是每本都適合小朋友閱讀，寫實及直接講死的繪本較可取，因為死亡本身已

結婚周年紀念去看電影

是很抽象的題目，若再加上奇幻情節，尚可成為小小孩的冒險故事，但若要明白箇中「死」意，可能適合理解能力較高的大孩子，甚至是成人。而我對女兒的死亡教育通常是出現在日常生活的對話中，例如，通馬路要拖實大人的手，否則被車子撞倒就可能會「死」，「死」了就永遠見不到爸爸媽媽；樹上有很多不同顏色的葉子，綠色就是年青的葉子，當老了會變成黃色，掉下來的就是「死」了。

我家講死繪本的藏書閣

大自然擁有很多生死教育的教材

記得曾經和她的一段睡前對話：

「如果媽媽第日老咗，唔識行路，你會點呀？」「嗯，我會抱你。」

（再問）「如果媽媽第日老咗，唔識食野，你會點呀？」「我會餵你食呀。」

（繼續問）「如果媽媽第日老咗，唔識講野，你會點呀？」「嗯，我會教你講野。」

（追問）「如果我學極都唔識呢？」「慢慢啦。」（應該是叫我慢慢學）

（終極挑戰題）「如果媽媽第日老咗，死咗，你會點呀？」

她語帶傷感並附上一個認真而慘豬的樣回答：「咁我就會見唔到你啦。」

兩歲九個月，對死亡的認知深度已足夠。

我很享受與女兒一起的時間，我們無所不談。

當然，爸爸對她的死亡教育就聽起來更「刺激」，在台灣生死教育學習團前，他為她上了一堂「預習課」，以角色扮演遊戲的方式，讓她用毛公仔模擬在喪禮中送別自己，從而了解喪禮程序以及一些安慰別人的方式，其實這個主題只是我們日常眾多「家家酒」遊戲中的一個，與扮演老師和學生、醫生和病人的虛構故事一樣平凡。不過，既然我們的生死教育如此不着痕迹，也要有心理準備迎接童言無忌的挑戰，例如有次當她在公園看到有小孩身

由最愛的毛公仔朋友送別自己

旁沒有家長，她便問我他媽媽在哪，而我回答不知道後，她幽幽地說：「他媽媽死了。」幸好應該沒有被聽到，教導的路還長啊！

話說回來，去年丈夫獲邀擔任教大台灣生死教育學習團時，我已很心動想要參與，但礙於女兒當時年紀尚幼，不捨得留下她又不敢帶她同行，唯有放棄，今年按捺不住了，豁出去，來一個半親子半學習之旅！感謝女兒全程大部分時間都很合作，安靜地和我們上課，讓媽媽也有機會體驗學習，其中一個環節是模擬自己的死亡，過去在香港也試過寫遺書，但今次是第一次加入母親的身分去寫，當寫到留給女兒的話時，眼淚已不期然如大豆般落下 ──

成為年紀最小的團員，靜靜地在一旁做自己的事。

「淇淇，媽媽要走啦，好可惜我看不到妳長大，見證不到妳結婚、生小孩，不過我真的很開心與妳一起走過的三年，妳真是我的寶貝，我無辦法繼續教導妳，但天父會教導妳，媽媽可以留下來給你的是愛，妳要聽天父的話，做一個行公義、好憐憫，存謙卑的心與神同行的人，媽媽永遠愛妳！」

完成這個功課之後，雖然消耗了我很多淚水，但我感覺反而是豁然開朗，一方面明白原來我最想看到女兒成家立室，意味她找到能代替我們陪伴和守護她下半生的人，另一方面，假如我此刻真的要死，除了不捨得，我是釋懷的，因盡力的愛過而沒有遺憾，也因信仰的倚靠而得以安心，與其說我給女兒的生死教育課，不如說是我要先做好我的人生功課。

多麼想見證着女兒長大

何時講死、如何講死，其實都不是在於小孩，而是在於家長，家長本身是否準備好談論死亡才是關鍵，如果自己也忌諱死亡，甚至恐懼死亡，暫時不講可能比未準備去講還來得合適，人生總有很多成長的地方，能為子女成長是一種幸福。

P.S. 這趟生死教育交流團，我想藉此感謝一班哥哥姐姐（教大學生）對小女的愛護，特別是姐姐們，陪伴她傻瓜地東聊西聊，回答她停不了的問

總有一天我們會躺在輸送帶上，由最愛目送離開，回到天父的懷抱。

題，與精力無窮的她玩樂，讓我夫婦倆可以喘息一會。最後，更收到大家窩心的手寫字條，而小女在其如此幼齡的時候可以收到這樣有深度的字條，作為媽媽感動不已，小小的她似懂非懂地聽着我讀，縱然不全然明白內容，但絕對感受到滿滿的愛。

延伸閱讀

1. 潔拉可・萊肯：《親愛的爺爺，再見》。
2. 蕾貝卡・寇柏：《我好想妳，媽媽》。
3. 蘿瑞・克拉斯尼・布朗、馬可・布朗：《恐龍上天堂》
4. 內田麟太郎：《可以哭，但不要太傷心》。

在台灣，來一場「生死之約」

王心嚴小姐

香港教育大學音樂教育文學碩士生

學會道愛、道謝、道歉，才能好好道別。

——題記

這是一次奇妙的旅行，也是一段令我終生難忘的經歷。一切的起源都是從這場「生死之約」開始。但我想談的，不是我的「生死體驗」，而是體驗後帶給我身心的感受。

死亡，是人生的終結。每個人面對死亡一定都有着不同的想法。我相信很多人在生命中，並沒有過多的對於「死亡」的想法，所以面對死亡，並不是每一個人都能夠真正的做好準備。其實，在我們的人生路上，隨着時間一分一秒的過去，我們都離「死亡」愈來愈近。而我們是否都有做好準備坦然的面對死亡是一件值得思考的事。

世界宗教博物館的「水牆」

世界宗教博物館的宗旨

「死亡」在中國的文化中，這是一個忌諱的詞彙。無論成年人還是未成年人，在中國文化的影響下我們不敢過多的談及它。「死亡」好像是一個很可怕的詞彙，但它又是我們每一個人必須面對的，親人、朋友、陌生人，或是自己。我記得自己曾經給高一年級的學生上了一堂課，這堂課的主題是「紅點與灰點」。上課前，發給每一個同學一張畫着坐標的白紙，Ｘ軸為生命的時間，Ｙ軸為心情好壞的程度；一支紅筆，一支黑筆。在短暫的音樂背景下的靜心引導語中，讓學生回顧自己的一生，將自己開心的事情用紅色的筆描點，不開心的用黑色的筆描點。在學生的自我回顧過程中，我看到班級大部分學生都有着自己人生的起落，甚至有的學生的眼淚已經在眼睛裡打轉。十五六歲的年紀，竟然也有着這樣那樣的經歷。徵集了幾個學生的同意，他們願意站在講台上分享自己的經歷，我發現大多數學生的「灰點」都是有關於死亡。這些死亡中有關於朋友的，同學的，家人的。但當死亡來臨，他們卻不知道該如何應對，以至於這份感情只能長年壓藏在心底。其實，成年人又何不是這樣呢。

　　在這次台灣「生死之約」的旅程中，對我感受最深的並不是「死亡體驗」的過程，而是在「死亡體驗」之前每一個體驗者分享遺書的時候。那是一個讓每個人重新回顧自己一生的過程，也是一個可以讓每個人都靜下心來傾聽自己的聲音，細數人生中的感恩、感動和遺憾。聽着大家的故事，聽到大家說到心痛處的哽咽，我深深的被感動着。原來每一個人都有自己的故事，每一個人在這個世界上都是獨特的個體。原來能夠坦然的面對「死亡」，這種心靈的準備是一件需要提前做好準備的事情。原來，「生命教育」的普及是如此的重要和必要。

仁德醫專死亡體驗

導師正向小天使（陪伴者）講解流程

體驗者已「入土為安」，小天使（陪伴者）　　有人來到墓前，讀出墓誌銘。
在旁守護。

　　在台灣「生死體驗」過後，我們一行人來到了山海豚國際生命線協會參訪交流。我從來都不知道在我們的身邊會有這樣的一個團體，每一個工作人員犧牲自己的休息時間在協會中做義工，以電話傾聽的方式，溫暖和解救着那些「迷失」自我的人。聽着義工的講述一個有一個不可思議的故事，還有他們對這些迷失自我的人們的治癒——抓住咨詢者的情緒需求進行安穩和支持，讓筆者感慨萬千。他們讓我知道，每一個人都具有獨特性，每一個人都應該被尊重，以惡是治不了惡的。

　　台灣之行的最後一天，是對生命教育的解讀。教育是一件讓生命變美麗的事，以生命影響生命。就像之前「紅點與灰點」的課程中，當學生上台分享完自己的經歷時，我會給這個學生一個堅實的擁抱，同時也會在擁抱的過程中跟學生悄悄的説幾句鼓勵的話，之後全班同學上台擁抱她／他，讓學生感受到來自老師和同學們的溫暖，讓學生感受到活着是一件很美好的事。失去並不可怕，因為我們還有重新擁有的能力。就像在「生死體驗」的最後，當我們都從「黑暗」中重生的時候，幾乎每一個重生的人都深深的感覺到：活着，真好。能夠在活着的時候，及時道謝、道愛和道歉，即使死亡真的到來，我們也不會對這個世界抱有遺憾。無論是在花花姐姐繪本館，還是松山高中的生命教育課堂，都是在引導學生認識生命，尊重生命，欣賞生命和探索生命，培養學生珍惜生命，接納生命，感恩生命和熱愛生命的價值觀。

花花姐姐繪本館葛蕙老師的演講

松山高中的生命教育課堂體驗

　　當我們畫完自己的生命線，看到了自己的「紅點與灰點」，想想我們的墓誌銘，回想我們的一生，是否精彩，是否不枉此行。當創傷突來時，我們是否能夠將想念化成懷念，到最後坦然的紀念；是否能將沮喪華為平靜，到最後衷心的祝福；是否能將茫然化為接納，到最後不失體面的勇氣。生命的正能量有三個不可缺的因素：一是有希望，二是有事做，三是能愛人。

　　生命來往，沒有來日方長。

　　台灣之行，讓我對生命有了重新的思考，也讓我對生命有了更深刻的解讀。一段旅程結束，離開的都是風景，留下的才是自己的人生。

　　感謝，感動，感恩。

生死體驗後的紀念

結語 生死教育講呢啲？

伍桂麟先生
英國註冊遺體防腐師
香港中文大學 醫學院 解剖室經理
香港生死學協會 創會會長
Facebook 專頁「生死教育」版主

「死亡」在華人社會而言，長久以來是一種忌諱，即使我們骨子裏深明「生、老、病，死」是人生必經階段。人口雖然變得愈來愈老，長期病患者也愈來愈多，但現代醫學發展把「死亡」帶到我們生活的邊沿位置，我們面對死亡的機會愈來愈少，「好死」亦離香港人愈來愈遠！

死得安樂是一種福氣，正如新年揮春上寫着的「五福臨門」——「長壽、富貴、康寧、好德，善終」，而善終可解釋作死時沒遭橫禍，臨終時沒有身體承受不起的痛苦，與親友和好善別，在家人陪同下安詳和安樂地離開人世。

華人圈子對「尊嚴死」的需求

近年在華人傳媒的生死熱話中必定要提到台灣著名作家瓊瑤於 2017 年突然公開一封寫給兒子和兒媳的一封信。信中透露她近來看到一篇名為《預約自己的美好告別》的文章，有感而發想到她自己的身後事，藉此叮嚀兒子兒媳別被生死的迷思困惑，但此主張引起了自己家庭中重大的分歧。她於 2017 年 8 月丈夫失智和中風期間，出版了《雪花飄落之前：我生命中最後的一課》一書，以自身經歷，訴說病人自主權和呼籲「善終權」

的觀念,引發華文界極大迴響。

另外,台灣著名體育主播傅達仁,因患有末期胰臟癌,希望推動台灣安樂死的立法,雖然未能成功,但傅達仁 2017 年 11 月之時,高調宣佈帶着妻兒遠赴瑞士,實踐他安樂死的遺願,但最後因為捨不得家人和兒子生病,才決定返回台灣。直到 2018 年 6 月 6 日,傅達仁在個人面書專頁發帖,上載多幅與家人合照,亦感謝信仰能賜予他安樂死,稱:「為了公平、正義、法治、人權,來兩次,盤纏 300 萬,客死蘇黎世,心中有平安,也沒有遺憾!」,並稱自己每日腹痛,每日需要喝四次嗎啡,每次 40 毫升,「喝少了照痛!喝多了站着都睡着」。他批評,所謂安寧治療,其實要患者承受極大痛楚,反問:「你是要選安樂死?還是折騰死?」。最終在 2018 年 6 月 7 日在親友陪同下接受瑞士當地的「安樂死」,而同日台灣衛福部金門醫院精神科醫師則表示傅達仁申請到的是「協助自殺」,而非安樂死。

安樂死的英語是 Euthanasia,源自於希臘語:εὐθανασία,即是「好的死亡」的意思;而 εὖ 為「好的」,θάνατος 為「死亡」。筆者認為中文和英文名稱其實也略有美化和把意思過度簡化,因為此行為並非必然等同「死得好」和「死得安樂」。在社會上,正方會認為安樂死是一種經過醫生和病人雙方同意後,給予患有不治之症的人以盡其量減小痛楚地提前死亡的行為或措施。反方則認為是以減輕患有不治之症者之痛苦為由,醫生在病人同意下給予病人致命劑量的藥物,直接地提早結束病人的生命。

就筆者立場而言,我並不反對討論安樂死,也尊重提出者,所以我是十分敬重瓊瑤和傅達仁能夠在其個人重大影響力下,以自身經歷,於老後及死前為自己追求尊嚴,也同時爭取他們認同的社會理想。然而,公眾也需要客觀留意瓊瑤和傅達仁的生活和社交條件不同於絕大多數民眾。我們會否在傳媒廣泛報道下,容易跌進像觀看電視劇和頭版新聞般的情緒投射,就像投入在小品連續劇的浪漫和運動競賽的激情當中呢?客觀了解死前如何保持生活有品質地「安樂活」是否也非常重要呢?安樂死是否必然等同於自主安樂地死去呢?

尤其傅達仁尋死前批評他所領受的安寧治療（則香港稱呼的「紓緩治療」）使其承受極大痛楚，是一種「折騰死」，好像把所有的紓緩治療的有效性也否定了，並貶低了紓緩治療的療效。「人知將死，其言也善」，但這不代表其言也是絕對正確的。筆者則認為如果他的個人經驗變成了大眾對紓緩治療的理解的全部，那便是很危險了。根據世界衛生組織指出，全球人口的 83% 缺乏紓緩痛楚的治療，而需要紓緩治療的人當中有 86% 並沒有得到，另外每年則有超過 2,550 萬人死於嚴重疾病的煎熬。因此一般公眾更需要小心接收從傳媒而來的訊息，並了解自身需要如何的長期病患照顧、紓緩治療目標與有關臨終醫療的方向，甚至為自己和親友帶來一段美好的告別儀式。

死前的人生需求

人本主義的心理學大師亞伯拉罕•馬斯洛（Abraham Harold Maslow）在 1943 年代提出「需求層次理論」（Maslow's hierarchy of needs），指出人類的需求是以層次的形式出現的，由低級的需求開始，逐級向上發展到高級層次的需求。而需求的各層次決不是一種硬性的結構；所謂層次，並沒有截然的界限，層次與層次之間是相互疊合，互相交叉的，隨着某些需求的強度逐漸降低，另一些需求將逐漸上升。此外，有些人的需求可能始終維持在較基礎的層次上，而沒有向上層次發展。

【需求層次理論的人生需求層次】

第六層	超越自我的需要
第五層	自我實現的需要
第四層	尊嚴的需要
第三層	社交與愛的需要
第二層	安全的需要
第一層	生理的需要

筆者認為，當一個人有較長時間面對病痛時，從死亡一步步剝奪其健康、體力變

差、病症帶來的肉體痛楚及不適、心理上出現焦慮或失落、逐步影響社交、甚至腦部退化令自主能力下降、質疑自己的價值及人生意義……等等，我們的人生需求亦同時產生了微妙變化。或許是當失去時才懂得珍惜，原本較低層的需求反而可以成為臨終者的重要期望。就好像很多長期病患者那樣，日常生活需也要靠別人照顧，健康漸差的身體使其缺乏安全感及情緒不穩，而且過程中可能覺得累及家人，自我價值及自尊心亦很有可能下降。當死亡臨近時，自我實現等較高層次之事，反而可能成為較次要需求，反而生理需要（如減少痛楚和安全感）卻成了最基本和最重要的需要，次之為親友間的道別及尊嚴感。筆者嘗試借用馬斯洛的需求理論，推演出一種死前的生活需求和態度：

【善終四福：生無憂、老無累、病無痛，死無憾】

生無憂——做好退休及身後規劃，無擔憂！

- 保持退休後的生活品質及接收可靠資訊能力

- 「身、心、社、靈」的全人發展

- 喪禮及殮葬安排

- 器官捐贈及遺體捐贈

老無累——做好長照及財務規劃，無負累！

- 患者與照顧者的社會支援及福利

- 居家及在家以外的長照模式

- 退休後資產增值及風險管理

- 訂立持久授權書及遺囑（平安紙）

病無痛——做好晚晴及臨終規劃，無謂痛！

- 末期癌症及非癌症治療方向

- 紓緩治療及在家離世可行性

- 訂立「預設照顧計劃」

- 訂立「預設醫療指示」

死無憾——做好回顧及道別準備，無遺憾！

- 訂出想完成的心願 / 想見的人 / 想去之地

- 製作人生回顧相集 / 紀錄 / 遺書 / 墓誌銘

- 可行的話，來一個「生前告別儀式」

- 五道人生：道謝、道愛、道歉、道諒，道別

線上線下的生死教育

　　四年多前，有鑑在香港關於生死教育的資訊流量太低，而坊間機構進行有關教育的推廣大多以講座形式，或未能令生死教育在香港達致更普及化，筆者就在面書社交平台建立了一個名為「生死教育」的專頁，以生活化題材作為主打特色。專頁上所刊登的內容會特別選取日常生活的生死教育資料，不會太過艱深或太專業，務求讓瀏覽者產生共鳴，讓網民能彼此留言分享，在忙碌中找到一些反思生命的空間，也藉此啟發和凝聚不同的想像。現時專頁約有 3.3 萬人讚好，專頁亦定時在每天早、午、晚三個時段發帖更新，藉此培養出一種閱讀習慣，讀者也能一點一滴去留意生死教育究竟是什麼一回事，再漸漸改變他們對有關議題根深柢固的看法。如果他們看畢文章後，按「Share」鍵作分

享，或應用在自己實際環境情況上，那就更好了。

隨着近年參與生死教育推廣的團體和專業人士增加，我們是否開始有足夠的土壤，從醫療、公共衛生、社福、社會學、生死教育、文化、哲學及宗教⋯⋯等角度，作出更多合乎公眾合理利益的討論和政策修訂呢？眼看香港政府此刻就連設計一套較完善的「預設照顧計劃」實施在本地醫療體系也困難重重的同時，「預設醫療指示」又遲遲未能立法，香港人想「死得安樂」也十分困難。

有鑑於此，筆者於 2018 年與一班志同道合的同路人成立了非牟利組織「香港生死學協會」，成員由一班年輕並熱心於生死教育的專業人士所組成。我們結合多元的專業知識和創新意念，致力探究「『生』命教育、『老』年規劃、『病』者照顧、『死』後安排」四大議題，以網絡資源共享及貼地的方式把生死議題帶入社會，增強公眾認知與社區連繫，改變固有觀念，賦予大眾為自己在生、老、病、死的安排上擁有選擇及決定權，從而推動社會政策，讓香港人「從死看生・活好當下」。至今一年內，每個月活動的參與者眾多，希望將來能夠把生死議題更廣泛地帶入社區。

死亡只是一個點，但生命卻是一條線，如何活好生命才是最重要。我們在這條生命線上走到某些時刻，總有反思「死亡」的機會，這點滴而得的智慧，豐富了我們生命的深度，及幫助我們省察生命，尋找更重要的追求和價值，過一個有愛無悔的人生。

筆者特別感謝在自己的的生命線上遇到書中各位作者，協作成書的過程就像「點線成面」的一幅畫作，希望讀者們欣賞全書後，能啟發更多有關生死的想像，讓我們香港人真真正正可以能夠有尊嚴去「安樂・生」！

身後事須知

　　身後事可算是人生最後的一場畢業典禮。當死亡來臨到我們的至親時，我們如何辦理身後事才好？要辦理什麼手續？如何選擇長生店？喪禮如何辦？應採用什麼儀式？可否加入特別元素？土葬還是火化好？骨灰龕位如何買？辦理身後事需要多少費用？在我們悲傷之際的同時，還得在短時間內處理大量安排身後事的事務。

　　若逝者生前已表達自己身後事的想法，親屬們便可按其心願而行。

　　若逝者生前並沒有好好表達自己對身後事的想法，親屬們便可以溝通，讓大家也有一個最後的機會為逝者表達最後的心意。

自然死亡的殯葬流程

　　若經醫生作最後診斷並確定死因的一般自然死亡個案，親屬可帶同自己及逝者身份證正本，到醫院死亡文件辦事處，領取由主診醫生所簽發的死因醫學證明書（表格18）。親屬需要此時決定安葬方法，安排土葬或火化。

A）火葬

　　親屬可領取：

- 認領遺體證明書[2]

- 醫學證明書（火葬）【表格 2】

　　及後，親屬可委託殯殮儀館或長生店職員安排喪禮，並同往聯合辦事處領取死亡登記證明書【表格 12】（俗稱「行街紙」）及火葬紙【表格 3】[1]，以預訂火葬日期、時間及地點並繳交火化費用。

B）土葬

　　親屬可領取：

- 認領遺體證明書[2]

　　及後，親屬可委託殯殮儀館或長生店職員安排喪禮，並同往聯合辦事處領取死亡登記證明書【表格 12】（俗稱「行街紙」）及土葬紙【表格 10】[1]。及後可前往有關辦事處（如華人永遠管理委員會、食物環境衛生署）登記，以安排觀看土葬用地及選購基地並繳交費用。

　　在喪禮當日，親屬需帶同自己及逝者身份證、死亡證、領回遺體證明書[2]，以便親屬認領遺體。

非自然死亡的殯葬流程

如離世前未經醫生診治而突然死亡，或遭遇意外、暴力致死，親屬須要立即報警，由警方通知死因裁判官及介入調查。親屬會見法醫後，獲發「領取殮葬文件證明書」及「領回遺體證明書」。警方會向死因裁判官呈交逝者資料及報告，以決定是否需要進行剖驗、調查或研訊以裁定死因。

親屬往公眾殮房辨認遺體。

死因裁判官會視乎情況（可在裁定死因前），下令將屍體土葬或火葬，並簽發授權埋葬／火葬屍體命令證明書【表格 11】（俗稱「土葬令」或「火葬令」）。

及後，親屬可委託殯儀館或長生店職員安排喪禮。

裁定死因後（一般需時一至六個月），死亡登記官會書面通知逝者親屬，親屬須向入境事務處生死登記總處領取死亡登記證明書【表格 12】。

殯儀館與長生店的分別

全港有 6 間持牌殯儀館及 120 多個持牌的殮葬商（長生店），大多位於紅磡、油麻地及上環一帶。殯儀館大多為私人營運，但亦有非牟利團體所辦的殯儀館（如：東華三院）。殯儀從業員會帶同家屬前往辦理火葬或土葬手續，例如領取死亡證或火化證、訂火葬爐或土葬買地等。

	殯儀館	長生店
職員可以協助辦理治喪儀式	是	是
有殮房和禮堂設施	是	不是（可代辦運送遺體及租用殯儀館禮堂服務）
提供逝者的棺木、壽衣、壽被、化妝及大相	是	是
提供祭祀物品包括食品、鮮花、香燭、衣紙、紙紮及祭帳	是	是
提供喪禮工作人員，包括堂倌（負責協助及指導喪禮儀式）、中西樂師及宗教神職人員，如：尼姑、喃嘸師傅、牧師、神父等	是	是
提供家屬的孝服及孝花	是	是
提供租用和佈置禮堂及靈寢室	是	是
提供租用和佈置靈車，及負責送逝者親友往墳場或火葬場的旅遊車輛	是	是

1. 持牌殮葬商（長生店）

　　全港現有超過 120 間持牌殮葬商，名單及地址可參考食物環境衞生署網頁：

http://www.fehd.gov.hk/tc_chi/cc/lu.pdf

2. 殯儀館

　　全港現有 6 間持牌殯儀館，均設有禮堂和存放及處理遺體的殮房。當中兩間由非牟利機構營辦。

殯儀館	地址	殯儀館	長生店
香港殯儀館	香港英皇道 679 號	2561 5226 (24 小時)	info@hongkongfuneralhome.com
九龍殯儀館	九龍大角咀楓樹街 1 號 A	2563 0241	info@kowloonfuneral.com.hk
世界殯儀館	九龍紅磡暢行道 10-10A 號全層	6996 2992	enquiry@universalfuneral.com.hk
萬國殯儀館 (東華三院)	九龍紅磡暢行道 8 號	2362 4331 2303 1234	ifp@tungwah.org.hk
鑽石山殯儀館 (東華三院)	九龍鑽石山蒲崗村道 181 號	2303 1261 2326 0121	dhfp@tungwah.org.hk
寶福紀念館	新界沙田大圍悠安街 1 號	2327 4141 2606 9933	-

參考資料：食物環境衛生署

親屬與殯葬商需要商討的內容如下：

（一）殯葬地點

A）醫院出殯

　　若親屬希望一切從簡，大部分的醫院都有告別室，親屬可考慮「院出」服務。親屬仍可保留蓋棺等的道別環節，及後靈車會直接駛往火葬場，從而省卻了在殯儀館及靈堂佈置等的費用。

B）殯儀館出殯

　　若親屬希望選擇殯儀館來進行告別儀式，親屬可以根據親友的人數、宗教儀式等來決定選擇靈堂的大小。

（二）儀式

葬禮儀式一般可選擇道教、佛教、天主教、基督教及無宗教，而宗教也會直接影響到家屬所選取的殯儀地點及所需費用。

A）佛教 ／ 道教儀式

- 需要較大的禮堂以方便進行法事

B）道教

- 最為昂貴

- 在先人沒有宗教信仰的情況下，親屬也可選擇道教儀式。長生店內的職員會安排五名喃嘸師傅和一名吹笛醮師做法事，目的是希望先人走得安樂

C）基督教 ／ 天主教儀式

- 需要一個較寧靜的環境

- 通知教會，邀請牧師 / 神父主持

（三）選擇棺木

A）中式棺

- 較昂貴

- 適宜土葬

- 若家屬選擇用中式棺木火化，就要留意棺木的大小。尺寸過大的棺木，並不能送入爐中火化。

B）西式棺木

- 較便宜

- 適合火化

C）環保棺木

- 可承受 250 磅的重量

- 再造紙

- 燃燒紙棺時間比木棺少 33%，氣體排放亦比木棺少

流程

A）火葬 ＋ 醫院出殯

- 在醫院的小禮堂進行簡單儀式後，由殯儀工人駕駛靈車把遺體直接進行「院出」服務，駛去火葬場進行火化

B）火葬 ＋ 殯儀館出殯

- 由殯儀工人駕駛靈車把遺體送往殯儀館舉行殮葬儀式

- 出殯那天，遺體由殯儀工人直接在殮房出殯，殯儀工人駕駛靈車駛去火葬場進行火化

C）土葬 ＋ 殯儀館出殯 / 醫院出殯

- 遺體由殯儀工人送往殯儀館 / 直接在殮房出殯

- 遺體安葬

- 立碑

- 親屬可選擇墓地續期、繼續安葬或安裝在其他的地方

- 一般約六年後，親屬需要撿拾骨頭（俗稱「執骨」）

- 下葬期屆滿後撿拾骨殖，遷放金塔位、骨殖龕位／火化後安放在骨灰龕位

- 或遺體火化

- 食物環境衛生署發出「領取骨灰許可證」（俗稱「骨灰紙」）

- 買骨灰龕位及上位／安排海葬／安排花園葬

五）火化後的骨灰處理

　　親屬可等待殯儀館職員通知，領取由食物環境衛生署發出的「領取骨灰許可證」（俗稱「骨灰紙」）及骨灰，以便安排骨灰處理。

A）骨灰龕位

- 骨灰暫存於長生店或殯儀館（需收費）

- 食環署也有提供骨灰暫存服務（需收費）

B）紀念花園撒灰

- 食物環境衛生署的 12 個紀念花園及 8 個骨灰安置所

- 費用全免

- 亦可在繳交所需的行政費後於紀念花園（新葵涌紀念花園除外）設置牌匾紀念逝者

C）海上撒灰

- 指定地點包括塔門以東、東龍洲以東及西博寮海峽以南

- 家屬可乘政府提供的免費渡輪，駛往指定水域時，將骨灰放在灰槽上，骨灰慢慢落入大海

- 不得將食物、祭品等物品拋進海中

註釋

註1：領取行街紙、土葬紙、火葬紙、預訂火化時段或預約安葬日期等，可授權殯葬商代辦。

註2：「認領遺體證明書」適用於醫院；「領回遺體證明書」適用於公眾殮房，兩者作用一致。

參考資料：土葬

食物環境衛生署 - 土葬及撿拾骨殖服務
https://www.fehd.gov.hk/tc_chi/cc/info_land.html
華人永遠墳場管理委員會 - 認購基地
https://www.bmcpc.org.hk/tc/service/cemetery_urn/subscription/s1/index.html

網上資源

生死教育資源

機構名稱	網站
「生死教育」Facebook 專頁	https://www.facebook.com/LifeAndDeathEducation/
「陪着你嘔」Facebook 專頁	https://www.facebook.com/LetUsShare2016/
香港生死教育學會	http://www.life-death.org/
生死學資源	http://dnl.ncue.edu.tw/
香港大學美善生命計劃	http://www.enable.hk/enable/tch/main/index.aspx
香港嶺南大學生死學	http://www.ln.edu.hk/philoso/PHI222(homepage)/Index.html
中華生死學會	http://www.nscld.org/
國立臺北護理學院 生死與輔導研究所	http://www.ntcn.edu.tw/DEP/ntcndeed/
Association for Death Education and Counselling	http://www.adec.org/

家居照顧服務

機構名稱	網站
白普理寧養中心 家居寧養護理服務	https://www3.ha.org.hk/bbh/content/introduction_c.htm
社會福利署（幼兒暫托）	https://www.swd.gov.hk/tc/index/site_geoinfomap/page_cysmap/sub_occcmap/
僱員再培訓局 家務通	https://www.erb.org/smartliving/tc/main/
樂活一站（家務助理）	https://www.erb.org/smartliving/tc/main/
家務助理服務	可聯絡醫務社工轉介
長者安居服務協會一線通呼援（平安鐘） ＊除長者外，其他有需要人士亦可申請	https://www.schsa.org.hk/tc/services/safe_services/index.html

復康用品租借服務

機構名稱	網站
香港紅十字會輔助器材租借服務	https://www.redcross.org.hk/tc/community_healthcare/mobility_equip/intro_me.html

救世軍油麻地長者社區服務中心（長者優先）	https://www.salvationarmy.org.hk/ssd/ymtme/hk/unit/contact-us
扶輪兒童復康專科及資源中心（16 歲以下人士適用）	http://www.rehabaidsociety.org.hk/zh/rrc/rotary-rehabaid-centre-for-children
醫院病人資源中心／復康站	請向所屬醫院查詢
復康專科資源中心	http://www.rehabaidsociety.org.hk/zh/rc/rehabaid-centre

護送服務

機構名稱	網站
香港復康會復康巴士	https://www.rehabsociety.org.hk/transport/rehabus/zh-hant/
愛德循環運動（社區支援及護送服務）	https://www.volunteer-ccm.org/cses
致愛社會服務中心	http://www.wecare.org.hk

寧養服務及其他支援

機構名稱	網站
香港復康會「安晴，生命彩虹」社區安寧照䕶針劃 灣仔區或港島東區的晚期長期病患者及其家人	https://www.rehabsociety.org.hk/dccs/crn/zh-hant/安寧服務／
聖雅各福群會 港島區「安好」居家寧養服務	https://cc.sjs.org.hk/?route=services-detail&sid=40&lang=1
基督教靈實協會 安居晚晴照顧計劃（晚期癌症或其他慢性器官衰竭的患者）	http://foss.hku.hk/jcecc/zh/服務／基督教靈實協會／
聖公會聖匠堂長者地區中心「安寧在家」居家照顧支援服務	http://foss.hku.hk/jcecc/zh/服務／聖公會聖匠堂長者地區中心／
善寧會（寧養服務推廣、生死教育及相關資源的查詢及轉介）	https://www.hospicecare.org.hk
東華三院圓滿人生服務	http://ecs.tungwahcsd.org
香港防癌會	https://www.hkacs.org.hk/tc/
癌症服務中心癌協熱線（協助癌症病友及其家屬）	https://www.cancer-fund.org/blog/癌協服務中心／
香港 Maggie's 癌症關顧中心（位於屯門區，協助癌症病友）	https://www.maggiescentre.org.hk/zh/home

身後事支援服務

機構名稱	網站
善寧會	http://www.hospicecare.org.hk/
贐明會	http://www.cccg.org.hk/
聖公會護慰天使熱線	http://hccss.holycarpenter.org.hk/service-hbsd01/
聖雅各福群會後顧無憂規劃服務	http://www.sjs.org.hk/tc/charityproject/
明愛鄭承峰長者社區中心（深水埗）	https://www.caritasse.org.hk/services/main/districtel/sspdecc.html
明愛元朗長者社區中心	https://www.caritasse.org.hk/services/main/districtel/yldecc.html
東華三院安老服務部「活得自在」	http://ecs.tungwahcsd.org
榕光社「夕陽之友」	http://banyanservice.org/pages/ 夕陽之友計劃 .html

設有告別室的公立醫院

醫院聯網	醫院名稱
港島東	東區尤德夫人那打素醫院 律敦治及鄧肇堅醫院
港島西	瑪麗醫院
九龍中	香港佛教醫院 伊利沙伯醫院
九龍東	將軍澳醫院 基督教聯合醫院
九龍西	明愛醫院 聖母醫院
新界東	雅麗氏何妙齡那打素醫院 北區醫院 威爾斯親王醫院
新界西	博愛醫院 屯門醫院

長者安居服務協會「耆安鈴」長者熱線	https://www.schsa.org.hk/tc/services/safe_services/ outdoor_safe_services/service_2/support/care/ index.html

經濟支援

機構名稱	網站
綜合社會保障援助計劃（綜緩）／相關津助	可聯絡社工查詢

編著：伍桂麟、鍾一諾、梁梓敦

出版經理：林瑞芳

責任編輯：周詩韵、陳銘洋

封面及美術設計：YU Cheung

圖片：部分由伍桂麟繪畫，部分由作者提供

出版：明窗出版社

發行：明報出版社有限公司

　　　香港柴灣嘉業街 18 號

　　　明報工業中心 A 座 15 樓

電話：2595 3215

傳真：2898 2646

網址：http://books.mingpao.com/

電子郵箱：mpp@mingpao.com

版次：二〇一九年七月初版

　　　二〇二〇年一月第二版

　　　二〇二〇年七月第三版

ISBN：978-988-8525-62-1

承印：美雅印刷製本有限公司